초전법륜경

初轉法輪經

금구의 말씀 · 둘

초전법륜경

初轉法輪經

활성 스님 해설 · 감수
백도수 옮김

고요한소리

일러두기

* 빠알리 〈초전법륜경〉 출전: 《상윳따 니까아야*Saṃyutta Nikāya* 相應部》, 56:11, V.
* 〈초전법륜경〉과 그외 인용된 경들은 PTS본을 저본으로 하고 미얀마본을 참조하였다.
* Ⅳ 빠알리-한글 대역에 빠알리 원문과 단어장, 약어표, 빠알리 발음표를 실었다.
* 본문에서 〈초전법륜경〉은 빠알리 초전법륜경을 말하고, 《초전법륜경》은 한글 초전법륜경을 말한다.

차례

예경문

Namo Tassa Bhagavato Arahato
나모 땃싸 바가와또 아라하또
Sammāsambuddhassa!(3회)
삼마아삼붓다싸!

아라한이시고 완전히 깨달은 분이신
세존께 경배드립니다!

Buddhaṃ saraṇaṃ gacchāmi
붓당 사라낭 갓차아미
Dhammaṃ saraṇaṃ gacchāmi
담망 사라낭 갓차아미
Saṅghaṃ saraṇaṃ gacchāmi
상강 사라낭 갓차아미

부처님께 귀의합니다
담마에 귀의합니다
승가에 귀의합니다

I
펴내는 글

불교가 시작되다

부처님께서는 시공을 초월하여 모든 세대와 모든 문화권에 통하는 담마*Dhamma*, 법法을 설하셨습니다. '**담마는 부처님 당신이 깨달으신 지혜의 소식을 중생이 이해할 수 있는, 중생이 쓰는 언어로 담아낸 진리의 소식**'입니다. 부처님께서 하신 법문들을 전부 담아낸 것이 빠알리*Pāli* 삼장三藏*Tipiṭaka*입니다. 이 빠알리 삼장이 마침내 널리 인류에게 알려지고 우리말로도 옮겨지고 있습니다. 바야흐로 빠알리 경에 의거하여 불법을 공부할 수 있게 여건이 마련되고 있는 것 같습니다.

지금 우리가 처한 이 시대는 사상적, 문화적 변혁기로서 새롭고 창의적인 사고가 절실히 요청됩니다. 급변하는 이 시대를 감당하려면 기존의 편견과 고정

관념을 벗겨내고 인간 심성의 원형을 찾아내어 이를 인류 향상을 위한 추진력으로 승화시켜야 합니다. 불교의 핵심은 인간의 심성을 '있는 그대로' 들여다보는 노력 체계라 할 수 있습니다. 역사의 때[垢]가 묻지 않고 여러 지역 문화의 때가 묻지 않은 부처님 가르침의 근본으로 복귀하는 것이 그래서 반드시 필요합니다.

역사상 처음으로 도래한 이 지구촌 시대야말로 과거 어느 때보다 새로운 아비담마를 절실히 요청하고 있는 엄중한 시대입니다. 《담마와 아비담마》[1]에서 이미 언급한 이야기가 반복되는 감이 있지만 아비담마란 부처님께서 설하신 담마를 변천하는 세계가 어떻게 해석하고 어떻게 체계화해서 어떤 언어로 담아낼 것인가 하는 노력의 과정이 빚어내는 산물입니다. 그렇게 볼 때 우리 불제자는 아비담마를 이야기할 수

1 활성 스님, 《담마와 아비담마》, 소리 열다섯, 〈고요한소리〉, 참조.

있고 아비담마를 만들 수 있고, 또 끊임없이 아비담마를 만들어야 합니다. 그런데 아비담마도 담마에 속하니까 어떤 경우에도 어디까지나 담마적 특성은 반드시 견지되어야 합니다. 다시 말해 아비담마는 현실적으로 중생들이 살아가는 데 있어서 유용해야 합니다. 그래야 아비담마라 부를 수 있을 것입니다.

〈고요한소리〉는 불교의 근본으로 복귀하고자 발원하고 1987년 회주 활성活聲 스님의 지도 아래 출범하였습니다. 그 후 〈고요한소리〉는 '부처님, 그분의 본래 가르침을 되살려 궁구하고, 실천하고, 선양하기 위해' 새로운 지평을 열어가는 노력을 나름대로 꾸준히 기울여왔습니다. 뿌리 깊은 전통을 지닌 한국 불교 역시 시대적 요청에 부응하여 부처님 담마를 이 시대의 지도가치로 살려내고 이 시대 우리 인류에게 필요한 새로운 아비담마가 나올 수 있도록 진지한 노력을 기울여야 하겠습니다.

우리들이 익히 알고 있듯이 부처님께서는 깨달으

신 후 녹야원鹿野苑에서 다섯 비구[2]에게 최초의 법문을 설하셨습니다. 먼저 중도中道를 설하시고 그다음 팔정도八正道를 설하시고 그리고 사성제四聖諦를 설하셨습니다. 이렇게 부처님께서 최초로 담마의 바퀴[法輪]를 굴리신 것입니다. 이때의 광경을 담은 경이 〈초전법륜경〉(《상윳따 니까아야*Saṃyutta Nikāya* 相應部》, 56:11, V)입니다. 그래서 이 경은 불교의 출발점이자 초석이라 할 수 있습니다. 진리를 깨달으신 부처님께서 그 진리를 담마[法]로 설하시고 다섯 비구 중 한 사람인 꼰단냐가 바로 그 소식을 제대로 알아들음으로써 마침내 불佛·법法·승僧, 삼보三寶가 구족된 불교가 시작되었던 것입니다.

〈초전법륜경〉은 '부처님 최초의 담마 선포'입니다. 그 후 설하신 모든 법문은 중도-팔정도-사성제를 부연 설명한 것이라 하겠습니다. 이후의 불교는 〈초전

2 다섯 비구: 꼰단냐*Koṇḍañña*, 왑빠*Vappa*, 밧디야*Bhaddiya*, 마하아나아마*Mahānāma*, 앗싸지*Assaji*.

법륜경〉에 실린 담마를 시대와 지역에 따라 나름대로 이해하고 실천하려는 노력의 역사, 곧 아비담마의 역사라고 할 수 있습니다. 이러한 사실은 부처님 가르침 가운데에서 〈초전법륜경〉의 비중이 얼마나 중차대한가를 웅변해줍니다. 〈초전법륜경〉은 가히 경중의 경이라 하겠습니다.

활성 스님께서는 〈고요한소리〉 창립 이래 〈초전법륜경〉의 중요성을 지속적으로 강조해오고 계십니다. 스님께서는 〈초전법륜경〉이 이 시대 불자들이 의지처로 삼아야 할 가장 중요한 가르침이라고 말씀하십니다.

〈고요한소리〉가 한글 《초전법륜경》을 출간합니다. 빠알리 경을 우리의 의지처로 삼아 부처님 원음을 공부하려는 이 길에 들어서서 살펴보면 볼수록 불법의 핵심을 담은 〈초전법륜경〉이 대표 교과서로 자리매김 되어야겠다는 기원이 점점 더 절실해지는 느낌입니다. 이러한 기원을 담아 빠알리-한글 대역對譯본을 마련하고 단어장도 붙여서 독자의 편의를 최대한 도모하기로 하였습니다.

〈고요한소리〉는 위대한 선각자들이 쌓아 올린 빛나는 수행 전통을 바탕으로 부처님 원음이 이 시대가 필요로 하는 복음이 되어 새롭게 펼쳐져 나아가도록 노력하고 분발할 것입니다. 모쪼록 《초전법륜경》을 우리 모두가 향상의 길에 지남指南으로 삼음으로써 부처님 근본 가르침의 향훈을 마음껏 누리는 가운데 한 걸음 한 걸음 사람다운 사람의 길을 향상심으로 나아가게 되기를 기원합니다.

〈고요한소리〉 편집실

Dhammacakkappavattanasutta

II
경 해설

활성 스님

1. 초전법륜경 이해에 덧붙이는 췌언

〈초전법륜경〉은 부처님께서 깨달으시고 나서 하신 최초의 법문이다. 이는 거기에 담긴 모든 정황으로 미루어 틀림없는 역사적 사실인 것 같다. 부처님께서 깨달으신 후 당신이 성취하신 그 높고 미묘한 경지를 어떻게 표명해야 만인萬人에 공유될지 무척 고심하셨다. 경에도 나오듯이 부처님께서는 담마를 펴는 걸 포기하려고 하실 정도였다. 그런데 범천 사함빠띠가 부처님께 와서, '아무리 담마가 미묘하고 어렵다 하지만 그래도 알아들을 사람이 한둘이라도 있을 겁니다. 한둘이라도 있으면 담마를 전해야 하지 않겠습니까? 그러니 담마를 설해주십시오.' 이렇게 간곡하게 부탁을 드렸다.

그 부탁을 들으시고 부처님께서 '이 미묘한 담마를

과연 누가 알아들을 수 있을까? 정말 한둘이라도 있을까?'라며 법안法眼으로 사바세계를 둘러보셨다. 물속에는 깊이 잠긴 연 봉오리만 있는 게 아니라 물 위로 막 뜰락말락 한 연꽃도 있듯이 깨달음에 가까이 다가선 근기들도 있다는 것을 보셨다. 그래서 '비록 힘들고 애로가 많겠지만 담마를 설해 보자.'고 결단하셨다.

'그럼, 이 미묘한 담마를 누구에게 전해줄까?' 하고 부처님께서 신통력으로 사방을 둘러보셨다. 부처님 출가 후 첫 스승들이었던 아알라아라 까알라아마*Āḷāra Kālāma*와 웃다까 라아마뿟따*Uddaka Rāmaputta*를 생각하셨는데 이미 그들이 임종했다는 것을 아시고선 '함께 수행하던 다섯 비구라면 이 담마를 알아들을 수 있지 않을까?'라고 생각하셨다. 부처님께서는 다섯 비구가 있는 녹야원까지 몸소 가셔서 최초의 설법을 하셨다. 철저한 고행주의자였던 그들은 부처님께서 고행을 그만두셨을 때 타락했다고 크게 실망하여 부처님 곁을 떠났던 사람들이라 한다.

부처님께서 다섯 비구를 찾아가셨을 때, 그들은 멀리서 다가오시는 부처님을 보고는 서로 상의했다. 경에 보면 그들은 인사도 하지 말고, 일어서지도 말고, 발우와 가사를 받아주지도 말고, 발을 씻어주지도 않기로 했다. 그들은 '당신이 옛날에 그렇게 고행할 때도 깨치지 못했는데, 잘 먹고 정진도 하지 않은 사람이 무슨 도를 이루었겠소?' 하는 식으로 시큰둥하게 대했다고 한다.[3] 그러나 부처님께서 가까이 다가가시자 그 위신력에 눌려서인지 태도가 바뀌면서 마침내 기꺼이 자리를 마련해 드렸다. 처음에는 부처님께서 하시는 말씀도 귓등으로 대하다가 조금 시간이 지나면서 정중하게 귀를 기울이게 되었다.

부처님께서는 다섯 비구에게 깨달음을 추구하는 데 가장 중요한 점은 중도中道, 즉 양극단을 피하는 것이라고 천명하셨다. 이렇게 중도를 말씀하시는 것

3 《맛지마 니까야*Majjhima Nikāya* 中部》, 26경 〈성구경*Ariyapariyesanā sutta*〉, Ⅰ, 171쪽.

으로 최초의 설법을 시작하신 것이다. 왜 중도를 말씀하셨을까? 당신께서 살아온 인생 역정과 특히 수행 과정을 총정리한 결론이 되기도 한다는 점에서 중도야말로 한낱 이론이 아니라 실제 경험에서 우러나온 간곡한 체험담이자 실재의 이야기이기 때문이다. 이렇게 해서 부처님께서는 〈초전법륜경〉에서 중도부터 천명하시고, 이어 팔정도八正道와 사성제四聖諦를 설하셨다. 성스러운 진리인 사성제는 고苦[苦聖諦], 고苦가 일어나는 원인[集聖諦], 고苦의 멸[滅聖諦] 그리고 고苦를 멸하는 길[道聖諦]을 제시해주신 가르침이다. 이처럼 중도와 사성제의 가르침은 바로 부처님의 실체험담이자 불교의 핵심이다.

부처님께서는 항상 말씀하신다.

나는 고苦와 고의 멸[苦滅]을 말할 따름이다.[4]

---

4 "비구들이여, 예나 지금이나 나는 고와 고의 멸을 말할 따름이다 *Pubbe cāham bhikkhave etarahi ca dukkhañ ceva paññāpemi dukkhassa ca nirodham.*" 《맛지마 니까야*Majjhima Nikāya* 中部》, 22경 〈뱀의 비유 경*Alagaddūpama sutta*〉, Ⅰ, 140쪽.

부처님 당신이 깨달으신 열반涅槃부터 말씀하시지 않고 왜 굳이 고苦부터 설하신 것일까? 부처님께서 열반을 증득하셔서 이를 마음껏 누리면서 둘러 보시니까 이 고해苦海에서 기약 없이 고를 겪고 지낼 수밖에 없는 딱한 중생들이 너무나 가엽기만 했다. 부처님께서 고부터 설하신 것은 고를 기초로 한 사성제의 체계가 고를 벗어나는 첩경이 되겠기 때문이다. 열반은 생각조차 못하고 고가 무엇인지, 그 의미도 모른 채 오로지 오욕락五欲樂에 빠져서 헤어날 줄 모르고 윤회輪廻를 거듭하기만 하고 있는 중생들이 얼마나 딱하고 측은하셨을까. 이에 대자비심을 발하신 것이다.

2. 중도는 큰 눈이다!

비구들이여, 출가자는 양극단을 가까이해서는 안 된다. 어떤 것이 그 양극단인가? 감각적 욕망 때문에 쾌락과 즐거움을 탐닉하는 것, 이는 저열하고 세속적이고 범부나 하는 짓이고 고귀하지 못하고 (해탈·열반에) 이롭지 못하다. 또한 고행에 전심專心하는 것, 이는 고통스럽고 고귀하지 못하고 (해탈·열반에) 이롭지 못하다. 비구들이여, 여래는 이들 양극단을 멀리함으로써 중도中道를 완전하게 깨달았다. 이 중도는 눈을 밝히고 앎을 밝히는 것이어서 고요[寂靜]로, 수승한 지혜[神通智]로, 깨달음으로, 열반으로 이끈다.

중도中道에 해당하는 빠알리어는 맛지마 빠띠빠다*majjhimā paṭipadā*이다. 그런데 도道는 빠알리어로 막가*magga*이니 중도는 맛지마 막가*majjhima magga*라야 할 것이나 경에는 맛지마 막가라는 용어가 보이지 않고 맛지마 빠띠빠다 또는 아리야 앗탕기까 막가*ariya* *aṭṭhaṅgika magga*의 형태로 나온다. 빠띠빠다*paṭipadā*에서 빠띠*paṭi*는 주로 '무엇을 지향하는, 무엇을 향해서'라는 뜻이고, 빠다*padā*는 '발, 걸음걸이'이다. 그래서 '맛지마 빠띠빠다'는 '중中을 지향하는 걸음, 중中을 견지하며 걷는 걸음'이라고 하겠다. 일반적으로는 빠띠빠다를 막가의 뜻으로 이해하고 있다. 그래서 '맛지마 빠띠빠다'를 '중도'라 하는데, 여기서 잠시 따져보고 넘어가는 것도 무의미하지는 않을 것 같아 몇 마디 보태자면 '빠띠'와 '빠다'의 의미에 주목하여 맛지마 빠띠빠다는 '중을 지향·견지하며 걷는 걸음'이라고 보는 것이 맞지 않을까 한다. '길'과 '걸음'은 관련이 깊지만 서로 다른 말이 아닌가. 길은 수많은 걸음이 만들어내고 또 수많은 걸음이 되풀이되도록 유도하는 어떤 밑바탕이고 기본이지 그 자체가 걸음은 아닌 것이다. 따라서 보통 아리야 앗탕기까 막가를 진리라 부르는 데 반해 맛지마 빠띠빠다를 진리라고 직설적으로 표현한 경우는 잘 보이지 않는다. 맛지마 빠띠빠다는 진리를 지향하는 걸음이기 때문이다.

다시 말해 맛지마 빠띠빠다는 부처님이 깨닫고 가르치신 바 진리, 즉 팔정도를 지향하는 실천의 걸음으로 이해해야 하지 않을까. 중도를 지극히 중시하지만 중도를 바로 진리라 부르지는 않는데, 그것은 중도가 진리를 낳는 모태라 할까 또는 진리를 실현시키는 메카니즘이라 할까, 그런 역할을 하기 때문이다.

부처님께서는 중도를 설하시면서 '양변兩邊을 버렸다.'고 하셨다. 양변을 떠남으로써 온전한 길, 중도를 취하실 수 있었던 것이다. 양변을 떠난다는 것은 고락苦樂의 양극단, 유무有無의 양극단을 버린다는 말이다. 수행할 때는 고행주의와 쾌락주의가 양변이자 양극단이고, 사유할 때는 '무엇이 있다.', 즉 유有라는 생각도 하나의 변이자 극단이며, '무엇이 없다.'는 무無라는 생각도 하나의 변이요 극단이라고 하신다. 고행과 쾌락 그리고 유와 무, 그 양극단들을 다 벗어나라는 말씀이신 것이다.

우리 중생살이는 극단에 치우쳐 편견에 갇히기 마

련이다. 그런데 그 편견에 갇힌 눈은 좁은 눈이다. 중도는 이것저것 다 배제해내고 나서 끝까지 남아있는 한가운데가 아니다. 변邊이라는 것은 치우쳤다는 것이고, 치우쳤다는 것은 좁고 갇혔다는 것이다. 치우치지 않았다는 것은 갇히지 않았다는 것이고 따라서 열린 것이고, 해방된 것이고, 마음껏 뻗어난 것이고 따라서 큰 것이다. 편견에 갇히기를 거부하면서 매사를 자꾸 돌아보다 보면 자연히 중도가 된다. 그리고 그때 '**중도의 눈은 큰 눈이다!**'

부처님께서 중도를 선언하심으로써 해탈·열반이라는 인간 완성의 경지를 향해 나아갈 수 있도록 구체적인 길을 제시하셨다. 바로 그 때문에 불교가 종교의 영역을 탈피하는 데 성공할 수 있었다. 실제로 현재 인류가 담마를 모르는 채 걷고 있는 길을 보더라도 또 담마와는 다른 길들을 취한 인류가 벌이고 있는 다양한 갈래의 실재 양상을 상기하더라도, 우리는 기필코 중도를 실현하여 사람다운 사람으로 성숙하는 길을 널리 선양하는 데 최선을 다해야 할 것이다. 그리하여 마침내 인류가 '새로이 담마를 중흥시키는 시대', '부처님 원래 가르침을 되살려 누리는 담마의 시대'를 구가할 수 있게 되도록 도와야 할 것이다.

3. 중정지도中正之道

비구들이여, 여래가 완전하게 깨달은(깨닫고 내디딘) 중도란 어떤 것인가? 그 중도는 눈을 밝히고 앎을 밝히는 것이어서 고요[寂靜]로, 수승한 지혜[神通智]로, 깨달음으로, 열반으로 나아가게 한다. 그것은 여덟 가지 요소, 즉 바른 견해[正見]·바른 사유[正思]·바른 말[正語]·바른 행위[正業]·바른 생계[正命]·바른 노력[正精進]·바른 마음챙김[正念][5]·바른 집중[正定]으로 이루어진 성스러운 길[聖八支道]이다. 비구들이여, 실로 이 길은 여래가 완전하게 깨달은(깨닫고 내디딘), 중中을 지향하는 걸음이 밟는 길로 눈을 밝히고 앎을 밝히는 것이어서 고

---

5 바른 마음챙김에서 마음은 마노*mano*, 즉 의意의 역어이다. 그러니 바른 뜻[意] 챙김이라 해야 온당하겠는데 공교롭게도 우리말에서 '뜻'은 의意에서 멈추지 않고 한발 더 나아가 '의미意味'를 나타내는 용어로 고착되어 있다. 그래서 혼동을 피하기 위해 부득이 '뜻' 대신에 '마음'으로 표현해 왔다. 요컨대 마노가 가리키는 바는 어디까지나 외육처外六處인 법처法處에 대응하는 내육처內六處로서의 의처意處이다. 엄밀히 말하자면 의근意根을 가리킨다. 부처님께서 강조하신 '법을 섬으로 삼으라.'는 유언을 실천하는 길로서의 '의意 챙김', 즉 마노를 챙기는 것이다. 따라서 마음챙김은 '의意 챙김', '뜻 챙김'으로 옮겨도 무방하리라고 본다.

요로, 수승한 지혜로, 깨달음으로, 열반으로 이끈다.[6]

부처님께서 '내가 깨달은 바는 중의 걸음[中道]이고, 그 중中의 걸음이 곧 팔정도八正道이다.'라고 천명하셨다. 중도는 부처님 가르침의 핵심 중 핵심이다. 부처님께서 중을 견지하는 걸음, 즉 중도를 설하시면서 양극단을 떠나라고 하셨는데 양극단을 떠나려면 무엇을 어떻게 해야 할 것인가? 양변을 떠나는 것은 양극단을 거부하겠다고 마음먹는 것만으로는 안 된다. 부처님은 '팔정도를 걸으라!'고 분명하게 말씀하신다. 중도란 결코 중간을 걸으라는 말이 아니다. 어느 쪽으로도 치우치지 말고 반듯하게 바로 걸으라는 뜻이다. 부처님께서 그 치우치지 않은 바른길로서 팔정도를 제시하심으로써 우리에게 양극단을 피하면서 중도를 실천하는 길을 분명하게 구체적으로 알려

---

6 '눈을 밝히고 앎을 밝히는 것이어서'는 중도의 속성을 나타내고 그리고 '고요[寂靜]로, 수승한 지혜[神通智]로, 깨달음으로, 열반으로 이끈다.'는 중도의 기능을 나타낸다.

주신 것이다.

'팔정도가 중도'이고 '중도가 팔정도'이다. 팔정도를 걷는다는 것은 중中을 지향하는 걸음을 걷는다는 것이다. 중도의 묘미는 팔정도 여덟 항목을 유기적으로 조화롭게 실천하는 데 있다. 팔정도 여덟 항목을 실천하면 중도가 실현된다. 팔정도를 걷고 있으면 어느덧 중도의 자세가 견지된다. 중도이기에 팔정도가 실현되고 팔정도가 정도正道이기에 중中, 즉 비변非邊일 수밖에 없고 그래서 중정中正이 된다. 중정은 변으로부터 해탈시키고, 사邪로부터 해탈시킨다. 변과 사로부터 벗어나기에 일체 번뇌가 끼어들 여지가 사라진다. 그래서 여덟 항목 하나하나에 빠짐없이 '바를 정正', 즉 '삼마*sammā*'가 앞머리에 붙는다.

이처럼 중생을 해탈시키고 자유롭게 해 줄 수 있는 힘은 팔정도에서 나온다. 팔정도의 힘은 세상살이에서 고난이 물밀듯 밀려올 때 그걸 외면하지 않고 눈 딱 뜨고 정면으로 응시하면서 극복해낼 수 있게 만들어준다. 부처님께서 설하신 팔정도를 실천하면 우리 중생들 누구나 담마의 혜택을 누릴 수 있고 고苦의 뿌리를 뽑아낼 수 있게 된다. 중도를 실천하는 길, 곧 팔정도가 우리를 지혜의 완성으로, 해탈·열반으로 이끈다.

4. 사성제四聖諦

부처님께서 진리*sacca*라고 선언하신 것은 사성제四聖諦가 유일하다. 사성제는 고성제苦聖諦, 집성제集聖諦, 멸성제滅聖諦, 도성제道聖諦, 이 네 가지 성스러운 진리이다. 부처님께서는 '사성제는 참이고 허위가 아니고 틀린 것이 아니다.'[7] 그러므로 '성스러운 진리*ariya sacca*라 부른다.'[8]라고 선언하셨다.

왜 성스러운 진리라고 하셨는가? 여기서 성스러운 진리는 아리야 삿짜*ariya sacca*를 옮긴 말이며, 아리야*ariya*는 원래 아리안족이나 귀족, 높은 계급을 나타내

---

7 "Imāni kho bhikkhave, cattāri tathāni avitathāni anaññathāni." 《상윳따 니까야*Saṃyutta Nikāya* 相應部》, 56:20경 〈진실함 경*Tatha sutta*〉, V, 431쪽.

8 "Imāni kho bhikkhave, cattāri ariyasaccāni tathāni avitathāni anaññathāni, tasmā ariyasaccānīti vuccanti." 《상윳따 니까야*Saṃyutta Nikāya* 相應部》, 56:27경 〈진실함 경*Tatha sutta*〉, V, 435쪽.

는 말이었겠으나 부처님께서 쓰시면서 그 뜻이 달라진다. 특히 삿짜*sacca*와 연관될 경우 아리야는 '성스럽다'는 뜻 외에도 '참·진정함'이라는 뜻이 강조된다. '성스럽다' 하면 보통 고상하고 특별하게 아름답고 뛰어난 것으로 생각들 하는데, 이런 류의 표현은 오히려 진리의 수식어로는 적절치 못한 것 같다. 특출하다는 건 특출하지 않은 것에 대한 상대적 개념이다. 그것은 어떤 특이한 현상을 가리킬 뿐 보편타당한 게 아니다. 그런 성질의 것이 어찌 진리의 수식어가 될 수 있겠는가. 그렇게 보면 아리야 삿짜에서의 '성스러운'이라는 말은 적어도 진리와 관련해서는 전혀 다른 각도로 이해해야 하는 게 아닐까. 진리를 수식하는 성스러움이란 가장 보편하고 타당하고 누구나 알아들을 수 있고 인정할 수 있는 것이라는 뜻이어야 하지 않겠는가. 따라서 성스러운 것은 보편적이어야 한다. 진리! 진리라면 언제나 타당하고 어디서나 타당해야 한다. 즉 시간과 공간을 초월해야 한다. 그래야 성스럽다 할 수 있다.

윤회하는 모든 존재의 보편적 특성은 고苦이다. '고'란 불만족성이라는 뜻인데 부처님께서는 이 '고'를 당신의 진리 체계의 기초로 삼으신 것이다. '고'야말로 언제 어디서나 쉽게 볼 수 있고 확인이 용이하다. 굳이 눈을 밖으로 돌릴 필요도 없이 우리 몸과 마음에서 확인할 수 있으니까. 그러면 그 고는 왜, 무엇 때문에 생기는가? 그 일차적인 인因과 연緣은 무명無明과 갈애渴愛이다. 무명과 갈애로 인하여 윤회가 거듭된다는 소식을 집성제라 부른다. 그리고 멸성제는 이 고를 그 원인에서부터 멸할 수 있다는 소식이다. 도성제, 즉 팔정도는 고의 멸에 이르는 길, 다시 말해 갈애를 멸하는 길이요, 무명을 멸하는 길이다. 어떻게 그런 일들이 가능한가? 팔정도를 닦으면 지혜와 해탈이 이루어지므로[9] 무명이 사라지고 따라서 멸성제가 당연히 이루어진다. 또 갈애는 어떻게 없어질 수 있는가? 십이연기十二緣起의 항목들 중에서 일

9 《맛지마 니까아야*Majjhima Nikāya* 中部》, 117경 〈위대한 마흔 가지 경 *Mahācattārīsaka sutta*〉, 참조.

곱 번째 수受와 여덟 번째 애愛[渴愛]를 연결하는 고리를 끊어내면 애가 차단된다. 수 단계에서 애 단계로 이어지지 않도록 연결고리를 끊어내면 갈애가 생기는 것을 원천 차단할 수 있다. 십이연기의 항목들 중에서 수행자가 끊어낼 수 있는 유일한 부분이 수와 애 사이를 연결하는 고리이다. 다른 항목들의 연결고리는 어떤지 생각해 보자. 과연 끊을 수 있겠는가? 무명無明이 있는데 행行이 끊어질 수 있겠는가? 갈애[愛]가 있는데 취取가 안 올 수 있는가? 또 유有가 있는데 생生을 막을 수 있겠는가? 생이 있는데 어떻게 노사老死가 없을 수 있겠는가? 그렇지만 수와 애 사이의 연결고리만은 끊어낼 여지가 있다. 부처님께서는 '느낌[受]에는 즐거운 느낌[樂受], 괴로운 느낌[苦受], 괴롭지도 즐겁지도 않은 느낌[不苦不樂受], 세 가지가 있다. 즐거운 느낌에는 탐욕[貪]의 잠재성향이, 괴로운 느낌에는 적의[瞋]의 잠재성향이, 괴롭지도 즐겁지도 않은 느낌에는 무지[癡]의 잠재성향이 작용한다.'

고 하셨다.[10] 그러나 팔정도 수행을 통해 느낌을 마음챙김하면 느낌이 십이연기 순관의 요인으로서의 기능을 떠나 고멸苦滅의 요인으로서 긍정적 기능을 하게 된다. 즐거운 느낌, 괴로운 느낌, 괴롭지도 즐겁지도 않은 느낌을 '있는 그대로' 관하면 즐거운 느낌과 괴로운 느낌은 세력이 약해지게 되고 괴롭지도 즐겁지도 않은 느낌은 우뻬카*upekhā*[捨], 평온으로 순화되기에 갈애를 유발하는 경향과는 궤를 달리하게 되기 때문이다.[11] 그리하여 마침내 갈애를 없애는 길이 열

---

10 《맛지마 니까아야*Majjhima Nikāya* 中部》, 44경 〈교리문답의 짧은 경 *Cūḷavedalla sutta*〉, Ⅰ, 302~303쪽.

11 "다시 비구들이여, 비구는 행복감을 떠나고 괴로움도 떠나고 이전에 이미 기쁨과 슬픔을 여의어서 괴롭지도 즐겁지도 않은, 평온과 마음챙김이 두루 청정해진 제4선을 성취하여 머문다 *puna ca param bhikkhave bhikkhu sukhassa ca pahānā dukkhassa ca pahānā pubbe va somanassadomanassānam atthagamā adukkham asukham upekhāsatipārisuddhiṃ catutthajjhānam upasampajja viharati.*" 《맛지마 니까아야*Majjhima Nikāya* 中部》, 119경 〈염신경*Kāyagatāsati sutta*〉, Ⅲ, 94쪽.

또 "비구들이여, 다섯 느낌 근[五受根]이 있다. 어떤 것이 다섯인가? 낙근樂根, 고근苦根, 희근喜根, 우근憂根, 사근捨根*upekkhindriya*이다. 이 다섯 근들의 일어남과 사라짐과 달콤함과 위험함과 벗어남을 있는 그대로 분명하게 알기 때문에 취착 없이 해탈한다. 이를 일러, 비구들이여, 그 비구는 아라한이고 번뇌가 소멸되었고 수행이 완성되었고 할 바를 다했고

리게 된다. 이처럼 느낌을 마음챙김하는 것이야말로 수와 애 사이의 연결고리를 끊어내는 데 결정적 역할을 할 수 있다. 유독 갈애가 무명과 나란히 고의 근본 원인으로 강조될 때는 이미 수와 애 사이의 연결고리에 내재하는 변수가 암시되고 있는 것은 아니었을까. 원래 팔정도가 옛 부처님들이 걸었던 길로서 갈애를 없애는 길이며 궁극적으로 명明을 밝혀 무명無明을 없애는 길이 아니었던가!

짐을 내려놓았고 최고선을 실현했고 삶의 결박을 부수었으며 바른 지혜로 해탈했다고 한다 *Pañcimāni bhikkhave, indriyāni katamāni pañca. Sukhindriyaṃ dukkhindriyaṃ somanassindriyaṃ domanassindriyam upekkhindriyaṃ, yato kho bhikkhave, bhikkhu imesam pañcannam indriyānaṃ samudayañca atthagamañca assādañca ādīnavañca nissaraṇañca yathābhūtaṃ viditvā anupādā vimutto hoti. Ayaṃ vuccati bhikkhave, bhikkhu arahaṃ khīṇāsavo vusitavā katakaraṇīyo ohitabhāro anuppattasadattho parikkhīṇabhavasaṃyojano sammadaññā vimutto ti.*" 《상윳따 니까야*Saṃyutta Nikāya* 相應部》, 48:33경 〈아라한 경 *Arahanta sutta*〉, V, 208쪽.

이 다섯 느낌 근[五受根]은 부처님께서 있는 그대로 알아 해탈·열반할 수 있다고 하신 22근(안근眼根·이근耳根·비근鼻根·설근舌根·신근身根·의근意根·남근男根·여근女根·명근命根·낙근樂根·고근苦根·희근喜根·우근憂根·사근捨根·신근信根·정진근精進根·염근念根·정근定根·혜근慧根·미지당지근未知當知根·이지근已知根·구지근具知根)에 속한다.

1) 고성제, 고苦의 대선언

비구들이여, 이것이 고苦라는 성스러운 진리[苦聖諦]이다. 태어남이 고이고 늙음이 고이고 병듦이 고이고 죽음이 고이다. 슬픔·비탄·고통·근심·고뇌도 고이다. 좋아하지 않는 것들과 마주치는 것이 고이고 좋아하는 것들과 멀어지는 것이 고이며 원하는 것을 얻지 못하는 것도 고이다. 요컨대 다섯 가지 집착의 쌓임[五取蘊] 치고 고苦 아닌 것이 없다.

부처님께서는 고를 겪어야 하는 인간의 실존적 측면을 주목하신다. 우리 삶에서 경험하는 온갖 현상이 모두 고라는 사실이 사성제의 출발이다. '우리가 행복이라고 생각하는 것도 겪고 보면 착각일 뿐, 실제는 고苦'라는 것이다. 고통스러운 시절의 고는 말할 것도 없고 호시절이라고 해도 잠시일 뿐 변하기 마련이고 우리 모두가 불만과 긴장으로 가득 찬 구조적인 고를 겪고 있다는 사실에는 변함이 없다. 부처님의 눈으로 보면 이 사바세계가 온통 고로 가득 차 있고, 그것은 시간이 흐르거나 장소가 바뀌어도 조금도 변하지 않는 엄연한 사실이다. 따라서 그것은 보편적 사실이요 진실이다. '아픔이 있다, 괴로움이 있다, 현재 고통받고 있다.'는 그 상태, 그건 분명한 감각 상태이며 따라서 현실이라는 것이다. 이것이 고성제苦聖諦이다.

부처님께서는 고苦에 대해 말씀하시면서 '오취온五取蘊이야말로 고존苦存'이라고 분명히 정의하신다. 인간은 '색色·수受·상想·행行·식識의 오온五蘊'으로 이루어진 존재이다. 그런데 그 오온에 대해 탐貪·진瞋·치癡, 삼독심三毒心을 끊임없이 부리고 있는 중생이라는 존재야말로 오취온이 아닐 수 없다. 오취온은 색취온色取蘊·수취온受取蘊·상취온想取蘊·행취온行取蘊·식취온識取蘊을 말한다. 여기서 취取라는 말은 번뇌, 집착이고, 온蘊은 덩어리, 즉 취온은 집착 덩어리라는 뜻이다. 달리 말하면 윤회하는 존재, 그 자체가 바로 고존이라는 뜻이다. 그렇지만 번뇌, 집착이 소멸되어 윤회를 벗어난 아라한은 오온이되 오취온이 아니다.

부처님께서는 그 고苦를 진리의 제1항으로 세우시고 문제의 출발점으로 제시하신다. 그리고 '이 고苦를 어떻게 해결하느냐' 하는 실존적 문제를 말씀하신다. 고성제는 부처님께서 해탈·열반을 이루시고 이 세상의 실상을 보신 후 우리 중생을 일깨우기 위해 베풀어 주신 현실 고발이다.

요컨대 우리가 꼭 잊지 않아야 할 것은 '즐거움과 기쁨 등 일체 행복의 종착점은 고苦이다. 모든 것이 반드시 고苦로 돌아가고 만다.'는 사실이다. 우리가 겪는 고는 우연한 것이거나 일시적인 것이 아니다. 고는 피할 수 없이 우리를 구조적으로 옭아매고 있다. 생生·노老·병病·사死, 수愁·비悲·고苦·우憂·뇌惱라는 인간사 일체가 '구조적인 고'이다. 따라서 우리 존재는 본질적으로 고존苦存이다. 고를 이렇게 인식하게 되면 고에서 벗어나려는 노력이 뒤따르지 않을 수 없기에 고성제가 사성제의 맨 처음에 놓이게 된다.

2) 집성제, 고苦가 일어나는 원인

비구들이여, 이것이 고苦가 일어나는 원인[集起]이라는(고의 원인을 밝히는) **성스러운 진리[集聖諦]이다. 고가 일어나는 원인은 갈애이다. 갈애는 즐김·욕망과 얽혀 이리저리 즐거움을 찾게 하며 거듭 태어나게 한다. 즉 그것은 감각적 쾌락을 구하는 갈애[欲愛], 존재하고자 하는 갈애[有愛], 존재하지 않고자 하는 갈애[無有愛]이다.**

부처님께서 제행개고諸行皆苦[12]라고 현실 고발을 하셨다. 현실이 고라면 다음으로 고가 왜 발생하는가를 설명하는 것이 합리적이다. 세상만사 일체 현상은 반드시 원인이 있기 때문이다. 우리가 경험하는 모든 현상은 연기법緣起法의 원리를 따른다. 부처님께서는 일체 고의 원인을 십이연기의 작용으로 설하셨다. 그것이 바로 집성제이다.

---

12 제행개고諸行皆苦: 불교의 특성을 꼽는 세 기준 또는 인표印表[三法印] 중의 하나. 삼법인三法印: 제행무상諸行無常 *sabbe saṅkhārā aniccā*, 제행개고諸行皆苦 *sabbe saṅkhārā dukkhā*(일체개고一切皆苦라고도 한다), 제법무아諸法無我 *sabbe dhammā anattā*. 그러나 제행무상, 제법무아, 열반적정을 드는 경우도 있다.

부처님께서는 집성제를 십이연기의 순관順觀으로 설하신다.

'무명無明이 있으면 제행諸行이 있고, 제행이 있으면 식識이 있고, 식이 있으면 명색名色이 있고, 명색이 있으면 육처六處-촉觸-수受-애愛-취取-유有-생生-노사老死가 있다.'[13]로 전개된다. 결국 십이연기를 통해 발생하는 것은 고苦이다. 생生·노老·병病·사死, 수愁·비悲·고苦·우憂·뇌惱라는 고가 있을 뿐이다. 인간이 십이연기의 순관을 따르는 한 고가 있을 뿐이며 그 절망적인 고를 향해 치달을 수밖에 없다. 요컨대 십이연기의 각 항목은 무명에서 나온 것들이고, 그 모두가 제행이요 윤회를 거듭하게 하는 장본이다.

이렇게 시간·공간의 지배를 받으면서 오취온五取蘊의 고[存在苦]와 윤회의 고[輪廻苦]를 겪는 것은 사바세계를 사는 존재로선 피할 수 없는 운명이다. 부처

13 《상윳따 니까아야*Saṃyutta Nikāya* 相應部》, 12:1경 〈연기 경*Paṭiccasamuppāda sutta*〉, II, 1쪽.

님께서 십이연기와 고苦와 윤회를 가르쳐주신 덕분에 우리는 자신이 왜 태어나고, 어디를 향해서 가고 있는 존재인지 알 수 있게 되었다. 그리하여 윤회고를 벗어나야 하고 벗어날 수 있다는 사실도 알게 되었다. 비로소 우리는 삶의 의미와 방향을 알게 되고, 의미 있는 삶을 제대로 찾아 살 수 있게 되는 것이다. 다시 말해 고성제와 집성제는 우리로 하여금 고苦의 실상을 분명하게 알도록 해주어 멸성제와 도성제 방향으로 이끌어준다. 사성제가 체계적이면서 보편타당하다는 것을 절로 깨닫게 만든다.

3) 멸성제, 고苦의 멸

비구들이여, 이것이 고苦의 멸이라는 성스러운 진리[滅聖諦]이다. 고의 멸은 실로 갈애를 남김없이 소멸시키고 버리고 놓고 벗어나고 떠나는 것이다.

멸성제는 윤회고를 겪는 중생이 '고라는 구조적

인 틀에서 벗어날 수 있다.'는 희망의 선언이다. 현실이 아무리 구조적으로 빈틈없이 짜여진 고의 틀일지라도 거기서 벗어날 수 있다는 소식이다. 집성제에서 드러난 고의 원인을 소멸시킴으로써 연기緣起의 과정이 멈추어진다는 말이다. 멸성제는 '여기 고가 멸하는 길이 있으니 이리 오라.'는 열반의 메시지를 전하는 소식이다.

그러면 고苦를 없애기 위해서 어떻게 해야 하는가? 고苦를 생성하는 것이 십이연기의 순관順觀이므로 이제 반대로 역관逆觀을 하면 고의 원인을 하나하나 소멸시켜 나갈 수 있다.

십이연기 역관은 '노사老死가 없으려면 생生이 없어야 하고, 생이 없으려면 유有가 없어야 하고, 유가 없으려면 취取가 없어야 하고, 취가 없으려면 애愛가 없어야 하고, 애가 없으려면 수受가 없어야 하고, 수가 없으려면 촉觸이 없어야 하고, 촉이 없으려면 육처六處가 없어야 하고, 육처가 없으려면 명색名色이 없어야 하고, 명색이 없으려면 식識이 없어야 하고, 식이 없으려면 제행諸行이 없어야 하고, 제행이 없으려면 무명無明이 없어야 한다.'고 수관하는 것이다.

부처님께서 선언하신 멸성제 덕분에 고에 시달리는 우리 중생이 차안此岸에서 피안彼岸으로 건너갈 수 있게 되었고, 우리는 그것을 삶의 목적으로 삼을 수 있게 되었다. 부처님 당신이 직접 고苦에서 벗어나 열반에 이르시고 인류 모두에게 나아갈 길을 보여주셨다.

4) 도성제, 고苦의 멸에 이르는 걸음

비구들이여, 이것이 고苦의 멸에 이르는 걸음이라는 성스러운 진리[道聖諦]이다. 그것은 실로 여덟 가지 요소, 즉 바른 견해[正見]·바른 사유[正思]·바른 말[正語]·바른 행위[正業]·바른 생계[正命]·바른 노력[正精進]·바른 마음챙김[正念]·바른 집중[正定]으로 이루어진 성스러운 길[聖八支道]이다.

도성제는 고의 멸에 이르는 걸음으로 바로 팔정도이다. 부처님께서 진리를 추구하는 중생들에게 '팔정도로 수행하면 된다.'고 분명하게 밝히셨다. 팔정도라는 구체적인 실천 방법에 의해서 누구든지 고를 멸하고 해탈·열반의 경지를 누릴 수 있다는 말씀이다.

부처님 첫 법문부터 마지막 법문까지 시종일관 끊임없이 강조하시고 역설하신 것이 팔정도 수행이다. 그만큼 불교의 핵심은 팔정도이다. 부처님께서는 이렇게 말씀하셨다.

> **수밧다여, 이 가르침과 율에는 성팔지도**聖八支道**가 있다. 수밧다여, 그러므로 오직 여기에만 첫 번째 사문**[예류과豫流果]**이 있다. 여기에만 두 번째 사문**[일래과一來果]**이 있다. 여기에만 세 번째 사문**[불환과不還果]**이 있다. 여기에만 네 번째 사문**[아라한과阿羅漢果]**이 있다. 다른 가르침**[外道]**에는 이런 사문들이 없다. 수밧다여, 비구들이** (성팔지도에 따라) **바르게 산다면 세상에는 아라한들이 끊이지 않고 있게 될 것이다.**[14]

---

14 "Imasmiṃ kho Subhadda dhammavinaye ariyo aṭṭhaṅgiko maggo

팔정도는 관념적인 것이 아니다. 팔정도의 첫 항목인 바른 견해는 부처님께서 말씀하신 진리인 사성제四聖諦를 바르게 아는 것이다. 그 첫째가 고성제苦聖諦이다. 내가 느끼는 고통, 그건 관념이 아니다. 고苦가 '좋다, 나쁘다.'라는 판단은 일단 제쳐두자. '내가 고통을 겪고 있다, 아프다.', 이건 관념이 아니라 실제이다. 이 실제에서부터 시작하라는 것이다. 수행 공부는 내가 느끼는 고통에서부터 시작하라는 말이다. 그렇게 시종하면 진眞, 참을 추구하는 일이 가능해진다. 이처럼 바른 견해를 시작으로 바른 마음챙김을 하면서 팔정도를 닦아 나아가노라면 탐·진·치를 걷어내고 마침내 해탈·열반에 이를 수 있다.

이 여덟 가지 항목으로 이루어지는 바른 실천도를

---

upalabbhati. Idheva Subhadda samaṇo, idha dutiyo samaṇo, idha tatiyo samaṇo, idha catuttho samaṇo. Suññā parappavādā samaṇehi aññe. Ime ca Subhadda bhikkhū sammā vihareyyum asuñño loko arahantehi assa." 《디이가 니까아야*Dīgha Nikāya* 長部》, 16경 〈대반열반경 *Mahāparinibbāna sutta*〉, II, 151쪽.

꾸준히 닦아 나아가노라면 공부가 익고, 공부가 익으면 사람이 익고, 사람이 익으면 마침내 구조적 고를 겪게 마련인 존재로부터 벗어나 반드시 해탈하게 된다. 이것이 곧 도성제이다. 이러한 내용을 부처님께서는 팔정도에 담아 우리에게 선사하신 것이다.

요컨대 팔정도는 진리이자 실천도이다. 팔정도의 실천은 곧 도덕의 실천이다. 사람다운 사람의 길은 팔정도를 따라 도덕을 실천하는 것이요 진리를 실천하는 것이다. 탐·진·치로 인한 극심한 가치 혼란을 극복하고 인간 완성으로 가는 길은 팔정도 말고 달리 있을 수 없다. 결국 부처님 가르침이 사성제이고, 그 핵심은 연기법과 팔정도, 두 축에 있다. 연기법은 사성제 중 집성제와 멸성제를 구성하는 골격이고, 팔정도는 도성제이기 때문에 결국 부처님의 가르침은 사성제로 요약된다. 그리고 팔정도의 첫 항인 바른 견해가 사성제를 아는 것이고 사성제의 마지막이 도성제, 즉 팔정도이니 이 둘은 명칭은 별립別立될 수 있으되

내용은 결코 둘이 아닌 것이다. 다만 우리가 공부 분상에서 가닥을 잡기 위해 편의상 연기, 사성제, 팔정도로 구분해서 이해하는 것일 뿐이다. 이때 십이연기는 알아야 할 것이고, 팔정도는 닦아야 하고 이루어야 할 것이 된다. 거듭 말하건대 연기법과 팔정도는 불교 공부의 기본 두 축이라 할 수 있다.

5. 사성제를 3전12행상三轉十二行相으로 선포하시다

비구들이여, 사성제에 관해서 이와 같이 세 단계로 진행된 열두 양상에 대해 있는 그대로 보는 여실지견如實知見이 지극히 청정해지지 않았다면 나는 결코 천신과 마아라와 범천이 있는 세상에서, 사문과 바라문, 왕과 인간을 포함하는 중생들 가운데서 위없는 완전한 깨달음을 이루었다고 천명하지 않았을 것이다.

이것이 고苦라는 성스러운 진리[苦聖諦]이다.
이 고라는 성스러운 진리는 완전히 알아야 한다.
이 고라는 성스러운 진리를 완전히 알았다.

이것이 고苦가 일어나는 원인[集起]이라는(고의 원인을 밝히는) 성스러운 진리[集聖諦]이다.
이 고가 일어나는 원인이라는(고의 원인을 밝히는) 성스러운

진리는 단멸해야 한다. (성스러운 진리에 따라 이 고의 원인을 단멸해야 한다.)[15]

이 고가 일어나는 원인이라는(고의 원인을 밝히는) **성스러운 진리를 단멸했다.** (성스러운 진리에 따라 이 고의 원인을 단멸했다.)

이것이 고苦**의 멸이라는 성스러운 진리**[滅聖諦]**이다.**
이 고의 멸이라는 성스러운 진리는 증득해야 한다.
이 고의 멸이라는 성스러운 진리를 증득했다.

이것이 고苦**의 멸에 이르는 걸음이라는 성스러운 진리**[道聖諦]**이다.**
이 고의 멸에 이르는 걸음이라는 성스러운 진리는 닦아야 한다.
이 고의 멸에 이르는 걸음이라는 성스러운 진리를 닦았다.

부처님께서는 사성제를 설하시면서 사성제의 본성부터 분명히 밝히시고 그 본성에 따라 수행자가 행해야 할 본분을 일일이 밝히신다. 사성제 각각이 세 단

---

15 '이 고의 원인이라는 성스러운 진리는 단멸해야 한다.'라는 말은 '성스러운 진리에 따라 이 고의 원인을 단멸해야 한다.'로 해석하는 것이 적합하다.

계로 진행되어 열두 행상을 이루므로 이를 3전12행상三轉十二行相이라 한다. 고성제에 대해서는 '이것은 고이다, 고를 완전히 파악하는 일이 본분사이다, 고를 완전히 파악하여 할 일을 해 마쳤다.', 집성제에 대해서는 '이것이 고의 원인이다, 고의 원인을 밝혀내어 이를 제거하는 것이 본분을 다하는 것이다, 그 원인은 갈애라는 것이 밝혀졌고 마침내 고의 원인을 제거해냈다.', 멸성제는 '고의 멸은 열반이다, 열반은 증득해야 한다, 열반을 (팔정도에 의해) 증득했다.' 그리고 도성제에 대해서는 '고를 멸하는 걸음은 팔정도이다, 팔정도는 닦아야 한다, 팔정도를 닦았다.'라고 선언하셨다.

부처님께서 깨달으시고 중생을 위하여 이처럼 매우 독창적인 방식으로 사성제를 선포하신 것이다. 첫째는 고·집·멸·도 성스러운 진리를 알아야 한다는 말씀이고, 둘째는 고·집·멸·도 성스러운 진리를 실천해야 한다는 말씀이고, 셋째는 고·집·멸·도 성스러운 진리를 성취했다는 말씀이다. 부처님 당신이 깨달으신 사성제를 이처럼 3전12행상으로 설하심으로써 우리 중생들이 이 가르침을 배우고 실천하여 해탈·열반으로 갈 수 있다는 사실을 알려주셨다.

한 가지 덧붙이자면 '이전에 들어보지 못한 담마에 대해서 나에게 눈*cakkhu*[眼]이 생겨났고, 앎*ñāṇa*[智]이 생겨났고, 지혜*paññā*[慧]가 생겨났고, 명지*vijjā*[明]가 생겨났고, 광명*āloka*[光]이 생겨났다.'라는 말씀이 사성제의 3전12행상 각각에 빠짐없이 나온다는 점에 주목할 필요가 있다. 이와 같이 안·지·혜·명·광이 나타났다는 말씀이 일일이 붙는 것은 사성제 진리에 대한 앎이 그만큼 철저해야만 완전한 깨달음의 수준에 이를 수 있음을 밝혀주신 것이다. 그런데 왜 하필 안·지·혜·명·광을 꼽을까? 굳이 해석을 시도해 본다면 안眼은 명색에, 지智는 식識에, 혜慧는 제행諸行에, 명明은 무명無明에 대응한다. 따라서 안·지·혜·명은 상대적 우월지를 나타낸다고 볼 수 있다. 한편 광은 절대 보편적 차원의 구경각究竟覺의 지혜를 의미한다고 볼 수 있겠다.

6. 생겨나는 것은 무엇이건 모두 사라진다!

다섯 비구 중에 꼰단냐*Koṇḍañña*[憍陳如]라는 분이 있었다. 부처님께서 담마를 설하시자 꼰단냐가 '생겨나는 것은 무엇이건 모두 사라진다 *yaṃ kiñci samudayadhammaṃ sabban taṃ nirodhadhammaṃ*.'[16]는 것을 깨달았다. 부처님께서는 꼰단냐가 최상의 지혜인 안냐*aññā*를 얻었다는 것을 알아보시고 '안냐아시 꼰단뇨 *Aññāsi Koṇḍañño*'라고 하셨다. 이 말씀은 '꼰단냐가 무상지無上智의 차원, 아라한의 차원에서 진리를 이해했다.'[17]는 뜻이다.

---

16 '생겨나는 것을 속성으로 하는 모든 것은 반드시 멸하는 것을 속성으로 가지고 있다.'는 의미이다.

17 주석서에는 꼰단냐의 깨달음 수준을 예류과로 보는 경향도 나타난다. 이는 《상윳따 니까아야*Saṃyutta Nikāya* 相應部》(Ⅲ, 22:59, 66쪽)의 〈무아의 특징 경*Anattalakkhaṇa sutta*〉에 "다섯 비구가 번뇌에서 마음이 해탈했다. 그때 세상에 여섯 아라한이 있게 되었다."라는 말 때문인 듯 한데, 여기서 다섯 비구는 꼰단냐 외의 나머지 비구들도 다 깨쳤다는 점에 방점이 두어지는 것으로 해석해보고 싶다. 《율장 주석서》 대품,

여기서 한 가지 짚어볼 게 있다. 우리가 '깨달음'이라는 용어를 많이 쓰는데, 빠알리 경에서 깨달음은 '보디*Bodhi*'이다. 그런데 정등각正等覺은 삼마아삼보디*Sammāsambodhi*이고, 무상정등각無上正等覺은 아뇩다라삼먁삼보리, 빠알리어로는 아눗따라삼마아삼보디*Anuttarasammāsambodhi*로, 이 표현은 부처들에게만 쓴다. 수행자가 부처님 말씀에 귀의해서 마침내 아라한이 되어 얻게 되는 최상지는 구경지究竟智, 즉 안냐*aññā*인 것이다. 범부들이 향상하여 궁극적으로 얻을

〈다섯 비구 이야기〉(7~8쪽)에는 꼰단냐가 예류과에 들었다고 한다. 하지만 《율장》 대품, 〈다섯 비구 이야기〉(6~11쪽)에는 꼰단냐의 성취에 대한 언급은 없다. 그런데 《맛지마 니까아야*Majjhima Nikāya* 中部》(I, 10경, 62쪽)의 〈염처경*Satipaṭṭhāna sutta*〉 주석서(137, 140쪽)에서는 "안냐라는 것은 아라한의 경지이다 *Aññāti arahattaṃ.*"라고 나온다. 그리고 《앙굿따라 니까아야*Aṅguttara Nikāya* 增支部》, 〈선언 경*Byākaraṇa sutta*〉(III, 5:93경)의 주석서(21쪽)에서 "안냐의 선언은 아라한 경지의 선언이다 *Aññābyākaraṇānīti arahattabyākaraṇāni.*"라고 나온다.

또한 《맛지마 니까아야》, 〈뿌리에 대한 법문 경*Mūlapariyāya sutta*〉(I, 1경, 4쪽)에서 "어떤 비구는 … 바른 구경지*aññā*로 해탈한 아라한이어서 … *yopi so, bhikkhave, bhikkhu arahaṃ* … *sammadaññā vimutto* …"라고 나온다. 그리고 《맛지마 니까아야》, 〈끼이따아기리 경*Kīṭāgiri sutta*〉(I, 70경, 477쪽)에서 " … 바른 구경지*aññā*로 해탈한 아라한인 비구들이 있다 *ye te,* … *bhikkhū arahanto* … *sammadaññā vimuttā.*"라고 나온다.

수 있는 최상의 지혜가 안냐이다. 이 지혜를 꼰단냐가 얻은 것이다. 이는 부처님의 제자들이 삼보三寶의 반열에 들 수 있음을 입증한 것이다. 꼰단냐가 안냐 꼰단냐라는 이름을 얻게 된 것은 '참 승가'의 출현을 입증해 주는 중대한 사건이 아닐 수 없다. 이로써 불·법·승, 삼보가 완성되어 비로소 불교의 이상이 실현된 것이다.

뿐만 아니라 이 꼰단냐의 깨달음이 갖는 각별한 의의에 주목할 필요가 있다. 꼰단냐의 깨달음은 이천년 후의 코페르니쿠스의 발상 전환에 비견된다. 천동설이라는 대중적 보통 인식에 반해 그가 주장한 지동설은 그야말로 혁명적 발상으로 그 후 과학 사상의 발전에 획기적 전환점을 제공했다. 그렇듯이 당시 인도 땅에서는 브라흐마니즘의 범아일여梵我一如·상주불변常住不變 사상이 강력한 대중적 보편 인식으로 만연되어 있었다. 그런 상황에서 꼰단냐의 '생겨나는 것은 무엇이건 모두 사라진다.'는 이 발언은 부처님께서 설하신 제행무상諸行無常·제법무아諸法無我를 깨쳤다는 뜻으로, 이는 부처님 이외의 인물이 이러한 혁명적 인식에 동참하게 된 효시가 되었기에 그 내포된 의의는 참으로 크다고 하겠다.

7. 담마의 바퀴는 그 누구도 멈출 수 없다

이와 같이 세존께서 담마의 바퀴[法輪]를 굴리셨을 때, 대지의 신[地天神]들이 소리 높이 외쳤다. '바아라아나시의 이시빠따나에 있는 녹야원에서 세존께서 굴리신 이 위없는 담마의 바퀴는 사문, 바라문, 천신, 마아라, 범천이나 이 세상 그 누구도 멈추게 할 수 없다.'라고.

부처님께서 담마의 바퀴[法輪]를 굴리셨을 때, 대지의 신[地天神]들에 이어 사천왕천의 신들, 삼십삼천의 신들, 야마천의 신들, 도솔천의 신들, 화락천의 신들, 타화자재천의 신들, 범천의 신들이 '세존께서 굴리신 이 위없는 담마의 바퀴[法輪]는 사문, 바라문, 천신, 마아라, 범천이나 이 세상 그 누구도 멈추게 할 수 없다.'라고 소리 높이 외쳤다는 대목이 경에 나온다. 이 신들은 중생들의 고苦를 항상 지켜보고 연민하고 고苦로부터의 해방을 기원하여 마지않는 호법신들이자

중생을 보호하는 가호신들이다.[18]

---

18 3계界 26천天

<table>
<tr><td rowspan="7">3계
三界</td><td>무색계
無色界</td><td colspan="3">비상비비상처천非想非非想處天 nevasññānāsaññāyatana
무소유처천無所有處天 akiñcaññāyatana
식무변처천識無邊處天 viññāṇañcāyatana
공무변처천空無邊處天 ākāsānañcāyatana</td></tr>
<tr><td rowspan="5">색계
色界</td><td rowspan="2">사선천
四禪天</td><td>색구경천色究竟天 akaniṭṭha
선견천善見天 sudassin
선현천善現天 sudassa
무열천無熱天 atappa
무번천無煩天 aviha</td><td>오정거천</td></tr>
<tr><td colspan="2">무상유정無想有情 asaññasatta
광과천廣果天 vehapphala</td></tr>
<tr><td>삼선천
三禪天</td><td colspan="2">변정천遍淨天 subhakiṇṇa
무량정천無量淨天 appamāṇasubha
소정천小淨天 parittasubha</td></tr>
<tr><td>이선천
二禪天</td><td colspan="2">광음천光音天 ābhassara
무량광천無量光天 appamāṇābha
소광천小光天 parittābha</td></tr>
<tr><td>초선천
初禪天</td><td colspan="2">대범천大梵天 mahābrahma
범보천梵輔天 brahmapurohita
범중천梵衆天 brahmapārisajja</td></tr>
<tr><td>욕계천상
欲界天上</td><td colspan="3">타화자재천他化自在天 paranimmitavasavattī
화락천化樂天 nimmāṇarati
도솔천兜率天 tusita = 지족천知足天
야마천耶摩天 yāma
삼십삼천三十三天 tāvatiṃsa = 도리천忉利天
사천왕천四天王天 cātummahārājikā</td></tr>
</table>

《맛지마 니까야*Majjhima Nikāya* 中部》, 41경 〈사알레이야까 경*Sāleyyaka sutta*〉, I, 289쪽.

이와 같이 실로 그 찰나에 그 순간에 그 잠깐 사이에 그 소리가 범천의 세계까지 올라갔다. 일만 세계가 흔들렸고 진동했고 요동쳤다. 신들의 신성한 위력을 넘어서는 한량없이 고귀한 빛이 세상에 환히 빛났다.

부처님께서 담마의 바퀴를 최초로 굴리신 이 일은 중생이 고에서 벗어나는 길을 시설하셨다는 점에서 인류 역사상 최대의 사건이라 할 수 있다. '세존께서 굴리신 이 위없는 담마의 바퀴[法輪]는 사문, 바라문, 천신, 마아라, 범천이나 이 세상 그 누구도 멈추게 할 수 없다.'는 말은 고해苦海를 사는 인간이 존재하는 한 이 세상에서 담마의 바퀴가 멈추어서는 안 된다는 뜻이라고 하겠다.

더욱이 부처님께서 〈초전법륜경〉을 설하신 그 일은 우주적 대사건이기도 하다. 경의 마지막 부분의 '일만 세계가 흔들렸고 진동했고 요동쳤다. 신들의 신성한 위력을 넘어서는 한량없이 고귀한 빛이 세상에 환히 빛났다.'는 대목은 부처님 담마의 크기와 깊이 그리고 그 위력이 실로 우주적이라는 것을 의미하는 것이 아니겠는가. 다시 말해 부처님께서 담마의 바퀴를 처음으로 굴리신 것은 끊임없이 성成·주住·괴壞·공空만을 헛되이 되풀이해 온 이 우주에서 마침내 '석가모니 부처님 시대'가 열려 헛된 공전이 끝나고 의미 있는 우주사가 시작된 것을 선포하는 그야말로 일대사 대사건이 아닐 수 없다.

8. 초전법륜경의 의의

거듭 말하건대 〈초전법륜경〉은 부처님께서 최초로 설하신 법문을 담은 경이다. 불교의 출발점이자 초석이다. 〈초전법륜경〉에서 부처님께서는 먼저 중도를 말씀하시고 팔정도를 말씀하시고, 다시 중도를 말씀하시고 이어서 사성제를 말씀하셨다. 이것이 부처님 최초의 담마 선포이다. 그 후 설하신 모든 법문은 **중도-팔정도-사성제**를 부연 설명하신 것이라 하겠다. 이후의 불교사는 〈초전법륜경〉에 실린 담마를 시대와 지역에 따라 나름대로 이해하고 실천하려는 노력으로 곧 아비담마의 역사라고 할 수 있다.

〈진리 분석 경〉에서는 부처님께서 〈초전법륜경〉에 대해 '그것은 사성제를 설명하고, 가르치고, 선언하고, 확립하고, 드러내고, 분석하고, 해설한 것이다.'[19]

---

19 "yadidaṃ catunnam ariyasaccānam ācikkhanā desanā paññapanā

라고 말씀하신다. 부처님께서는 '담마는 스스로 보아 알 수 있는 것이고, 시공時空을 초월해서 효력을 발휘하는 것이고, 와서 보라는 것이고, 우리를 향상으로 인도하는 것이니, 현명한 사람들이 담마를 스스로 실천하고 점검하면 진리를 깨닫게 된다.'[20]고 말씀하신다. 이처럼 담마는 시공을 초월하는 보편법이다. 부처님께서는 담마를 만들어 세우신 분이다. 담마야말로 부처님께서 이 땅에 오신 핵심 이유요, 부처가 부처인 소이所以이다. 이전부터 쓰여온 다르마*Dharma*는 세간의 용어로 의무라든가 세속 차원의 윤리를 뜻하는 말로 불교에서 쓰는 담마*Dhamma*와는 다르다. 따라서 담마는 빠알리어이고 다르마는 산스크리트어라는 언어적 차이에 그치지 않는다.

---

paṭṭhapanā vivaraṇā vibhajanā uttānīkammaṃ." 《맛지마 니까야 *Majjhima Nikāya* 中部》, 141경 〈진리 분석 경*Saccavibhaṅga sutta*〉, III, 248쪽.

20 "Dhammo sandiṭṭhiko akāliko ehipassiko opanayiko paccattaṃ veditabbo viññūhi ti." 《상윳따 니까야*Saṃyutta Nikāya* 相應部》, 55:1경 〈전륜성왕경*Cakkavattirājā sutta*〉, V, 343쪽.

한 가지 더 짚어두고자 하는 일은 부처님께서 〈초전법륜경〉에 "나의 심해탈이 확고부동하다 *Akuppā me cetovimutti*."라고 하신 대목이다. 〈초전법륜경〉에는 혜해탈 관련 언급이 없다. 그런데 후에 설하신 〈끼이따아기리 경〉에 부처님께서 일곱 부류[21]의 사람들을 말씀하시는 가운데 혜해탈*paññāvimutti*과 심해탈*cetovimutti*, 둘 다 성취하는 해탈인 구분해탈俱分解脫, 즉 양면해탈兩面解脫이 나온다. 이 경에서는 혜해탈이 심해탈과 나란히 언급되며 혜해탈이 오히려 수승한 편으로 간주되고 있다는 점을 잠시 생각해 보자는 것이다.

이로 미루어 추정건대 지혜, 빤냐*paññā*라는 영역은 부처님께서 해탈·열반을 이루시고 담마를 세우신 후 비로소 열린 불교 특유의 세계라는 것이 분명해진다

---

21 일곱 부류: ① 양면해탈兩面解脫 *ubhatobhāgavimutti* ② 혜해탈慧解脫 *paññāvimutti* ③ 신증身證 *kāyasakkhi* ④ 견지見至 *diṭṭhippatta* ⑤ 신해탈信解脫 *saddhāvimutti* ⑥ 수법행隨法行 *dhammānusāra* ⑦ 수신행隨信行 *saddhānusāra*. 양면해탈과 혜해탈은 더 닦을 것이 없는 아라한. 나머지는 더 닦을 여지가 남아있는 지위. 《맛지마 니까아야*Majjhima Nikāya* 中部》, 70경 〈끼이따아기리 경*Kīṭāgiri sutta*〉, Ⅰ, 477~479쪽.

는 점이다. 우리가 해탈의 길을 이렇게 심해탈과 혜해탈 두 가지 방향에서 찾아 누릴 수 있게 된 것도 부처님의 자상하신 배려 덕분임은 더 논할 여지가 없다 하겠다. 최초기에는 '부동의 심해탈'이라는 표현으로 구분해탈俱分解脫을 말씀하셨던 것 같은데 굳이 심해탈과 혜해탈을 구분하여 언급하시게 된 것은 불법을 정定 위주로만 치우쳐 이해하고 수행하게 될까 우려한 부처님 원려의 결과가 아니었을까 한다. 후대에 세월이 흐를수록 불교 수행이 선정 중심으로 이해되어 이에 치우치는 경향이 보편화되어 온 것을 볼 때 부처님의 이러한 심려는 미래를 내다보신 지혜로운 조치가 아니었을까 싶다.

여기서 사유를 한 걸음 더 전진시키면 바른 집중, 즉 정정正定*Sammāsamādhi*의 정의에 관해서도 생각해 볼 여지가 있지 않을까 한다. 팔정도의 정정에 관한 부처님의 말씀 중에서 '정정은 사선四禪이다.'[22]라는 대

22 《디이가 니까아야*Dīgha Nikāya* 長部》, 22경 〈대념처경*Mahāsatipaṭṭāna sutta*〉, II, 313쪽.

목을 경에서 찾을 수 있다. 사선이 유일한 정정의 내용이라면 끼이따아기리 경에 나오는 일곱 부류의 사람들 같은 경우는 어떻게 이해해야 하는가 하는 점이다. 또 우둔한 쭈울라빤타까*Cūḷapanthaka*[23]가 깨친 경우처럼 여러 수행자들이 몰록 깨우치는 과정은 단지 예외적 경우가 되는 것인가 아니면 그 짧은 순간 동안 사선정의 각 단계가 빠짐없이 차례대로 전개된다고 볼 것인가 하는 문제이다. 생각건대 진리로서의 팔정도는 그 구성 항목 하나하나가 한결같이 포용 범위가 매우 넓다는 특색을 지니고 있는데 반해 정정만을 사선이라는 어찌 보면 좁아 보이는 내용으로만 한정시키는 것은 후대의 부파불교적 경향과 비슷하게 보일 수 있다는 점이다. 초기에는 정定은 심일경성心一境性이라는 일반적이고 넓은 의미로 사용되지 않았을까 생각된다. 정정이 사선으로 규정된 일은 옳고 그름을 떠나 후에 끼친 영향이 너무 심대하지 않았나 싶

23 〈쭈울라빤타까 경*Cūḷapanthaka sutta*〉, 《우다아나*Udāna*》, 5:10, 참조.

기에 이 점 좀 더 숙고해 볼 여지를 열어두는 것이 어떨까 한다. 물론 사선이 정정이라는 말이 틀렸다는 것은 결코 아니다. 〈대념처경大念處經〉에서 설하신 정정의 규정은 하나의 초석으로서 매우 중요한 역할을 담당한다. 다만 정정이 사선이라고 못박는 것처럼 보여질 때 진리로서 팔정도의 한 항목인 정정의 의미가 좁혀지지는 않는 것인지 우려가 된다는 점이다.

우리에게 가장 뜻깊고 직접 연관되는 것은 부처님께서 녹야원에서 처음으로 담마를 설하셔서 삼보三寶가 완성되었다는 사건이다. 즉 3전12행상과 안·지·혜·명·광은 부처님 지혜의 완성을, 천신들의 환호는 담마의 완성을, 꼰단냐의 깨달음은 승보의 완성을 나타내는 표상이다. 부처님께서 아무리 깨달으셨더라도 담마를 설하지 않으셨다면 우리는 부처님께서 계셨는지도 알지 못할 것이다. 부처님께서 담마를 설하심으로써 석가모니 담마의 시대가 열렸다는 사실이 참으로 중요하다. 담마의 바퀴를 최초로 굴리신 일, '초전법륜'이라 불리는 이 일이야말로 불교 역사상 최대의 사건이다.

부처님께서는 〈대반열반경〉에서 '모든 형성된 것은 사라진다. 주의 깊게 정진하여 방일하지 말고 해탈을 이뤄내도록 하라.'[24]고 하셨다. 이 말씀은 '내가 담마라는 유산을 남겨준다. 이걸 잘 받아서 잘 지니고 잘 살려내라.'는 뜻이다. 부처님께서 평생을 바쳐 담마를 세우셨으니, 우리는 부처님 담마가 오염되지 않고 변질되지 않고 계속 잘 존속되도록 노력해야 할 것이다. 항차 오늘날 같이 윤리 도덕이 땅에 떨어지고 특히 성 윤리의 타락 혼란상은 〈세기경〉[25]을 상기시키기에 충분한 상황에 이르러서야 더 무슨 말이 필요하겠는가. 우리가 해야 할 가장 중요한 일은 담마를 알

---

24 "Vayadhammā saṅkhārā appamādena sampādetha." 《디이가 니까아야 *Dīgha Nikāya* 長部》, 16경 〈대반열반경*Mahāparinibbāna sutta*〉, Ⅱ, 156쪽.

25 〈세기경*Aggañña sutta*〉, 《디이가 니까아야*Dīgha Nikāya* 長部》, Ⅲ, 27경, 참조.

고, 담마를 실천하여 진리를 구현하도록 부단히 정진하는 것, 그뿐이다.

고苦에서 벗어나게 하는 담마, 해탈·열반으로 이끌어주는 담마, 그 담마를 생생하게 살려내어 인간의 존재 목적인 향상 공부에 더욱 분발해서 힘써보도록 하자!

III
초전법륜경

01

이와 같이 나는 들었다. 한때 세존께서 바아라아나시의 이시빠따나에 있는 녹야원鹿野苑에 머물고 계셨다.

02

그곳에서 세존께서 다섯 비구에게 일러 말씀하셨다.

03

비구들이여, 출가자는 양극단을 가까이해서는 안 된다. 어떤 것이 그 양 극단인가? 감각적 욕망 때문에 쾌락과 즐거움을 탐닉하는 것, 이는 저열하고 세속적이고 범부나 하는 짓이고 고귀하지 못하고 (해탈·열반에) 이롭지 못하다. 또한 고행에 전심專心하는 것, 이는 고통스럽고 고귀하지 못하고 (해탈·열반에) 이롭지 못하다. 비구들이여, 여래는 이들 양극단을 멀리함으로써 중도中道를 완전하게 깨달았다. 이 중도는 눈을 밝히고 앎을 밝히는 것이어서 고요[寂靜]로, 수승한 지혜[神通智]로, 깨달음으로, 열반으로 이끈다.

04

비구들이여, 여래가 완전하게 깨달은(깨닫고 내디딘) 중도란 어떤 것인가? 그 중도는 눈을 밝히고 앎을 밝히는 것이어서 고요[寂靜]로, 수승한 지혜[神通智]로, 깨달음으로, 열반으로 나아가게 한다. 그것은 여덟 가지 요소, 즉 바른 견해[正見]·바른 사유[正思]·바른 말[正語]·바른 행위[正業]·바른 생계[正命]·바른 노력[正精進]·바른 마음챙김[正念]·바른 집중[正定]으로 이루어진 성스러운 길[聖八支道]이다. 비구들이여, 실로 이 길은 여래가 완전하게 깨달은(깨닫고 내디딘), 중中을 지향하는 걸음이 밟는 길로 눈을 밝히고 앎을 밝히는 것이어서 고요로, 수승한 지혜로, 깨달음으로, 열반으로 이끈다.

05

비구들이여, 이것이 고苦라는 성스러운 진리[苦聖諦]이다. 태어남이 고이고 늙음이 고이고 병듦이 고이고 죽음이 고이다. 슬픔·비탄·고통·근심·고뇌도 고이다. 좋아하지 않는 것들과 마주치는 것이 고이고 좋아하는 것들과 멀어지는 것이 고이며 원하는 것을 얻지 못하는 것도 고이다. 요컨대 다섯 가지 집착의 쌓임[五取蘊] 치고 고苦 아닌 것이 없다.

06

비구들이여, 이것이 고苦가 일어나는 원인[集起]이라는(고의 원인을 밝히는) 성스러운 진리[集聖諦]이다. 고가 일어나는 원인은 갈애이다. 갈애는 즐김·욕망과 얽혀 이리저리 즐거움을 찾게 하며 거듭 태어나게 한다. 즉 그것은 감각적 쾌락을 구하는 갈애[欲愛], 존재하고자 하는 갈애[有愛], 존재하지 않고자 하는 갈애[無有愛]이다.

07

비구들이여, 이것이 고苦의 멸이라는 성스러운 진리[滅聖諦]이다. 고의 멸은 실로 갈애를 남김없이 소멸시키고 버리고 놓고 벗어나고 떠나는 것이다.

08

비구들이여, 이것이 고苦의 멸에 이르는 걸음이라는 성스러운 진리[道聖諦]이다. 그것은 실로 여덟 가지 요소, 즉 바른 견해[正見]·바른 사유[正思]·바른 말[正語]·바른 행위[正業]·바른 생계[正命]·바른 노력[正精進]·바른 마음챙김[正念]·바른 집중[正定]으로 이루어진 성스러운 길[聖八支道]이다.

09

비구들이여, '이것이 고苦라는 성스러운 진리[苦聖諦]이다.'라고 하는 이전에 들어보지 못한 담마에 대해서 나에게 눈[眼]이 생겨났고, 앎[智]이 생겨났고, 지혜[慧]가 생겨났고, 명지[明]가 생겨났고, 광명[光]이 생겨났다. 비구들이여, '이 고라는 성스러운 진리는 완전히 알아야 한다.'라고 하는 이전에 들어보지 못한 담마에 대해서 나에게 눈이 생겨났고, 앎이 생겨났고, 지혜가 생겨났고, 명지가 생겨났고, 광명이 생겨났다. 비구들이여, '이 고라는 성스러운 진리를 완전히 알았다.'라고 하는 이전에 들어보지 못한 담마에 대해서 나에게 눈이 생겨났고, 앎이 생겨났고, 지혜가 생겨났고, 명지가 생겨났고, 광명이 생겨났다.

10

비구들이여, '이것이 고苦가 일어나는 원인[集起]이라는(고의 원인을 밝히는) 성스러운 진리[集聖諦]이다.'라고 하는 이전에 들어보지 못한 담마에 대해서 나에게 눈[眼]이 생겨났고, 앎[智]이 생겨났고, 지혜[慧]가 생겨났고, 명지[明]가 생겨났고, 광명[光]이 생겨났다. 비구들이여, '이 고가 일어나는 원인이라는(고의 원인을 밝히는) 성스러운 진리는 단멸해야 한다.'라고 하는 이전에 들어보지 못한 담마에 대해서 나에게 눈이 생겨났고, 앎이 생겨났고, 지혜가 생겨났고, 명지가 생겨났고, 광명이 생겨났다. 비구들이여, '이 고가 일어나는 원인이라는(고의 원인을 밝히는) 성스러운 진리를 단멸했다.'라고 하는 이전에 들어보지 못한 담마에 대해서 나에게 눈이 생겨났고, 앎이 생겨났고, 지혜가 생겨났고, 명지가 생겨났고, 광명이 생겨났다.

11

비구들이여, '이것이 고苦의 멸이라는 성스러운 진리[滅聖諦]이다.'라고 하는 이전에 들어보지 못한 담마에 대해서 나에게 눈[眼]이 생겨났고, 앎[智]이 생겨났고, 지혜[慧]가 생겨났고, 명지[明]가 생겨났고, 광명[光]이 생겨났다. 비구들이여, '이 고의 멸이라는 성스러운 진리는 증득해야 한다.'라고 하는 이전에 들어보지 못한 담마에 대해서 나에게 눈이 생겨났고, 앎이 생겨났고, 지혜가 생겨났고, 명지가 생겨났고, 광명이 생겨났다. 비구들이여, '이 고의 멸이라는 성스러운 진리를 증득했다.'라고 하는 이전에 들어보지 못한 담마에 대해서 나에게 눈이 생겨났고, 앎이 생겨났고, 지혜가 생겨났고, 명지가 생겨났고, 광명이 생겨났다.

12

비구들이여, '이것이 고苦의 멸에 이르는 걸음이라는 성스러운 진리[道聖諦]이다.'라고 하는 이전에 들어보지 못한 담마에 대해서 나에게 눈[眼]이 생겨났고, 앎[智]이 생겨났고, 지혜[慧]가 생겨났고, 명지[明]가 생겨났고, 광명[光]이 생겨났다. 비구들이여, '이 고의 멸에 이르는 걸음이라는 성스러운 진리는 닦아야 한다.'라고 하는 이전에 들어보지 못한 담마에 대해서 나에게 눈이 생겨났고, 앎이 생겨났고, 지혜가 생겨났고, 명지가 생겨났고, 광명이 생겨났다. 비구들이여, '이 고의 멸에 이르는 걸음이라는 성스러운 진리를 닦았다.'라고 하는 이전에 들어보지 못한 담마에 대해서 나에게 눈이 생겨났고, 앎이 생겨났고, 지혜가 생겨났고, 명지가 생겨났고, 광명이 생겨났다.

13

비구들이여, 사성제에 관해서 이와 같이 세 단계로 진행된 열두 양상에 대해 있는 그대로 보는 여실지견如實知見이 지극히 청정해지지 않았다면 나는 결코 천신과 마아라와 범천이 있는 세상에서, 사문과 바라문, 왕과 인간을 포함하는 중생들 가운데서 위없는 완전한 깨달음을 이루었다고 천명하지 않았을 것이다.

14

비구들이여, 이제 나에게 사성제에 관해서 이와 같이 세 단계로 진행된 열두 양상에 대해 있는 그대로 보는 여실지견如實知見이 지극히 청정해졌다. 그래서 비구들이여, 나는 천신과 마아라와 범천이 있는 세상에서, 사문과 바라문, 왕과 인간을 포함하는 중생들 가운데서 위없는 완전한 깨달음을 이루었다고 천명하였다. 나에게 이런 지혜와 견해[知見]가 생겨났다. '나의 심해탈心解脫이 확고부동하다. 이것이 마지막 태어남이다. 이제 더이상 다시 태어남은 없다.'

15

세존께서 이와 같이 말씀하셨다. 다섯 비구들은 가슴이 벅차올라 세존의 말씀에 환희했다. 그리고 이 말씀을 하시는 동안에 꼰단냐 존자에게 티끌 없고 때 묻지 않은 담마의 눈[法眼]이 생겨났다. '생겨나는 것은 무엇이건 모두 사라진다.'

16

이와 같이 세존께서 담마의 바퀴[法輪]를 굴리셨을 때, 대지의 신[地天神]들이 소리 높이 외쳤다. '바아라아나시의 이시빠따나에 있는 녹야원에서 세존께서 굴리신 이 위없는 담마의 바퀴는 사문, 바라문, 천신, 마아라, 범천이나 이 세상 그 누구도 멈추게 할 수 없다.'라고.

17

대지의 신들이 외치는 소리를 듣고서 사천왕천의 신들이 소리 높이 외쳤다. '바아라아나시의 이시빠따나에 있는 녹야원에서 세존께서 굴리신 이 위없는 담마의 바퀴는 사문, 바라문, 천신, 마아라, 범천이나 이 세상 그 누구도 멈추게 할 수 없다.' 라고.

18

사천왕천의 신들이 외치는 소리를 듣고서 삼십삼천의 신들이, 야마천의 신들이, 도솔천의 신들이, 화락천의 신들이, 타화자재천의 신들이, 범천의 신들이 소리 높이 외쳤다. '바아라아나시의 이시빠따나에 있는 녹야원에서 세존께서 굴리신 이 위없는 담마의 바퀴는 사문, 바라문, 천신, 마아라, 범천이나 이 세상 그 누구도 멈추게 할 수 없다.' 라고.

19

이와 같이 실로 그 찰나에 그 순간에 그 잠깐 사이에 그 소리가 범천의 세계까지 올라갔다. 일만 세계가 흔들렸고 진동했고 요동쳤다. 신들의 신성한 위력을 넘어서는 한량없이 고귀한 빛이 세상에 환히 빛났다.

20

그때 세존께서 감흥에 찬 말씀을 하셨다.

'참으로 그대, 꼰단냐가 알았구나! 참으로 그대, 꼰단냐가 알았구나!' 그리하여 꼰단냐 존자에게 안냐 꼰단냐라는 이름이 생기게 되었다.

IV
빠알리-한글 대역對譯

약어표

1st. 일인칭
2nd. 이인칭
3rd. 삼인칭

abl. ablative 탈격
abs. absolutive 절대분사
abstr. abstract 추상명사
acc. accusative 목적격
adj. adjective 형용사
adv. adverb 부사
aor. aorist 아오리스트(과거)
caus. causative 사역형
dat. dative 여격
f. feminine 여성
fut. future 미래형
gen. genitive 소유격
grd. gerundive 미래수동분사
imper. imperative 명령형
ind. indeclinable 불변화사
inf. infinitive 부정사
ins. instrumental 도구격
interj. interjection 감탄사
interr. interrogative 의문사
loc. locative 처소격
m. masculine 남성
n. neuter 중성
nom. nominative 주격
num. numeral 수사
opt. optative 원망형
pass. passive 수동태
perf. perfect 완료형
pl. plural 복수
pp. past participle 과거분사
ppr. present participle 현재분사
pref. prefix 접두사
prep. preposition 전치사
pres. present 현재
pron. pronoun 대명사
rel. relative 관계
sg. singular 단수
voc. vocative 호격

빠알리어*Pāli* 발음

빠알리어	발음과 한글 표기	단어 예시	빠알리어	발음과 한글 표기	단어 예시
a	아	**a**riya 아리야	**dha**	다	**dh**amma 담마
ā	아아	**ā**mantesi 아아만떼시	**na**	나	pa**n**a 빠나
i	이	**I**sipatane 이시빠따네	**pa**	빠	**p**aññā 빤냐
ī	이이	h**ī**no 히이노	**pha**	파	**ph**ala 팔라
u	우	**u**bha 우바	**ba**	바	**B**ārāṇasī 바아라아나시
ū	우우	**ū**mi 우우미	**bha**	바	**Bh**agavā 바가와
e	에	**e**va 에와	**ma**	마	**m**ajjhima 맛지마
o	오	**o**bhāso 오바아쏘	**ya**	야	Nikā**y**a 니까아야
ka	까	**k**atame 까따메	**ra**	라	anutta**r**a 아눗따라
kha	카	su**kh**allika 수칼리까	**la**	ㄹ라, 라	pha**l**a 팔라, **l**abhati 라바띠
ga	가	**g**amma 감마	**va**	와	**v**ata 와따
gha	가	**gh**aṭati 가따띠	**sa**	사, 싸	**s**adda 삿다, **s**o 쏘
ca	짜	**c**akkhu 짝쿠	**ha**	하	ma**h**ā 마하
cha	차	sac**ch**ikatan 삿치까딴	**kka**	ㄱ까	ca**kk**a 짝까
ja	자	**j**arā 자라	**gga**	ㄱ가	ma**gg**a 막가
jh	자	maj**jh**ima 맛지마	**cca**	ㅅ짜	sa**cc**a 삿짜
ña	냐	**ñ**āṇa 냐아나	**jja**	ㅅ자	puthu**jj**aniko 뿌툿자니꼬
ṭa	따	pa**ṭ**ipadā 빠띠빠다	**tta**	ㅅ따	su**tt**a 숫따
ṭha	타	aṭ**ṭh**aṅgika 앗탕기까	**dda**	ㅅ다	sa**dd**a 삿다
ḍa	다	Koṇ**ḍ**añña 꼰단냐	**ppa**	ㅂ빠	a**pp**amāṇo 압빠마아노
ṇa	나	ñā**ṇ**a 냐아나	**bba**	ㅂ바	ni**bb**āna 닙바아나
ta	따	**T**athāgata 따타아가따	**mma**	ㅁ마	dha**mm**a 담마
tha	타	Ta**th**āgata 따타아가따	**ssa**	ㅅ싸	manu**ss**a 마눗싸
da	다	i**d**am 이담	**ṅ**	ㅇ	sa**ṅ**gha 상가

* 빠알리어의 한글 표기는 〈고요한소리〉 표기법을 따랐다.
  용례: 장모음의 예로 'māra'는 '마아라'로 'Nikāya'는 '니까아야'로 표기하고, 단어 끝의 장모음은 'paṭipadā 빠띠빠다'의 예처럼 별도의 장음표기를 하지 않는다.

* 모음과 순음 앞에서 m을 쓰고 'ㅁ'으로 발음한다. 그 외 자음 앞에서는 m이 ṃ으로 변하고 'ㅇ'으로 발음한다.

* 모음 o와 e에는 항상 강세가 붙는다. (예) Pasénadi Kósala

* 그 밖에는 항상 ā, ī, ū 같은 장모음에 강세가 붙거나, 모음이 연속되어도 이중 자음이나 ṃ 앞에 오는 모음에 강세가 붙는다.

Dhammacakkappavattanasutta

담마짝까빠왓따나숫따

초전법륜경

Dhammacakkappavattanasutta: 담마(법)의 바퀴를 굴린 일에 관한 경.

Dhamma: m. 담마, 법, 가르침, 진리.

cakka: n. 바퀴, 수레바퀴. [Dhammacakka; 담마의 바퀴, 담마라는 바퀴, 법륜法輪].

pavattana: n. 굴림, 나아감.

sutta: n. 경.

01

Evaṃ me sutam. Ekaṃ samayam Bhagavā
에왕 메 수땀. 에깡 사마얌 바가와

Bārāṇasiyaṃ viharati Isipatane Migadāye.
바아라아나시양 위하라띠 이시빠따네 미가다아예.

이와 같이 나는 들었다. 한때 세존께서 바아라아나시의 이시빠따나에 있는 녹야원鹿野苑에 머물고 계셨다.

---

evaṃ: ind. adv. 이와 같이.

me: aham. 1st.pron. sg.ins./dat. 나에 의해서, 나에게.

sutam: suta[suṇoti, suṇāti(듣다)의 pp.]. adj. n.sg.nom. 들은, 들려진.

ekaṃ: eka. adj. num. m.sg.acc. 1, 하나, 한.

samayam: samaya. m.sg.acc. 때. [ekaṃ samayam; 한때, 어느 때].

Bhagavā: bhagavant. m.sg.nom. 세존께서.

Bārāṇasiyaṃ: Bārāṇasī. f.sg.loc. 바아라아나시에.

viharati: 3rd.sg.pres. 머물다, 살다, 거주하다.

Isipatane: Isipatana. n.sg.loc. 이시빠따나에 있는, 이시빠따나에.

Migadāye: Migadāya. m.sg.loc. 녹야원에, 미가다아야에.

02

Tatra kho Bhagavā pañcavaggiye bhikkhū
따뜨라 코 바가와 빤짜왁기예 빅쿠

āmantesi.
아아만떼시.

그곳에서 세존께서 다섯 비구에게 일러 말씀하셨다.

tatra: ind. adv. 그곳에서, 거기에.

kho: ind. 참으로, 실로.

Bhagavā: bhagavant. m.sg.nom. 세존께서.

pañcavaggiye: pañcavaggiya. adj. m.pl.acc. 한 무리를 이루는 다섯을, 한 무리의 다섯을. [pañca; num. 5, 다섯. vaggiya; adj. 한 무리의, 무리를 이루는].

bhikkhū: bhikkhu. m.pl.acc. 비구들에게, 비구들을. [pañcavaggiye bhikkhū; 다섯 비구들에게, 다섯 비구들을].

āmantesi: [āmanteti(일러 말하다, 말하다)의 aor.]. 3rd.sg.aor. 일러 말했다, 말했다.

03

Dve me bhikkhave antā pabbajitena na
드웨 메 빅카웨 안따 빱바지떼나 나

sevitabbā. Katame dve. Yo cāyaṃ
세위땁바. 까따메 드웨. 요 짜아양

kāmesu kāmasukhallikānuyogo hīno gammo
까아메수 까아마수칼리까아누요고 히이노 감모

puthujjaniko anariyo anatthasaṃhito,
뿌툿자니꼬 아나리요 아낫타상히또,

yo cāyam attakilamathānuyogo dukkho
요 짜아얌 앗따낄라마타아누요고 둑코

anariyo anatthasaṃhito.
아나리요 아낫타상히또.

Ete te bhikkhave ubho ante anupagamma
에떼 떼 빅카웨 우보 안떼 아누빠감마

majjhimā paṭipadā Tathāgatena
맛지마 빠띠빠다 따타아가떼나

abhisambuddhā cakkhukaraṇī
아비삼붓다 짝쿠까라니

ñāṇakaraṇī upasamāya abhiññāya
냐아나까라니 우빠사마아야 아빈냐아야

sambodhāya nibbānāya saṃvattati.
삼보다아야 닙바아나아야 상왓따띠.

비구들이여, 출가자는 양극단을 가까이해서는 안 된다. 어떤 것이 그 양 극단인가? 감각적 욕망 때문에 쾌락과 즐거움을 탐닉하는 것, 이는 저열하고 세속적이고 범부나 하는 짓이고 고귀하지 못하고 (해탈·열반에) 이롭지 못하다. 또한 고행에 전심專心하는 것, 이는 고통스럽고 고귀하지 못하고 (해탈·열반에) 이롭지 못하다. 비구들이여, 여래는 이들 양극단을 멀리함으로써 중도中道를 완전하게 깨달았다. 이 중도는 눈을 밝히고 앎을 밝히는 것이어서 고요[寂靜]로, 수승한 지혜[神通智]로, 깨달음으로, 열반으로 이끈다.

---

dve: num. 2, 양, 둘.
me: ime. pron. adj. m.pl.nom. 이들은, 이것들은, 이런. [ime에서 i 탈락].
bhikkhave: bhikkhu. m.pl.voc. 비구들이여.

antā: anta. m.pl.nom. 극단들은, 끝들은.

pabbajitena: pabbajita[pabbajati(출가하다)의 pp.]. adj. m.sg.ins. 출가자에 의해서.

na: ind. 없다, 아니다.

sevitabbā: sevitabba[sevati(가까이 하다, 섬기다, 실천하다)의 grd.]. adj. m.pl.nom. 가까이 해야 할, 섬겨야 할, 실천해야 할.

katame: katama. pron. interr. m.pl.nom. 어떤 것들이, 무엇들이.

dve: num. 2, 양, 둘.

yo: ya. pron. rel. m.sg.nom. 어떤, 어느 것은, 어떤 ~는.

cāyaṃ: [ca-ayaṃ]. 그리고 이것은. [ca; conj. 그리고. ayaṃ; pron. m.sg.nom. 이것은].

kāmesu: kāma. m.pl.loc. 감각적 욕망 때문에, 감각적 욕망으로 인해, 감각적 욕망거리들에 있어서, 감각적 욕망에 있어서.

kāmasukhallikānuyogo: kāmasukhallikānuyoga. m.sg.nom. 쾌락과 즐거움을 탐닉하는 것이, 욕망을 즐기는 것에 전념하는 것이. [kāma; m. 욕망. sukhallika; adj. 쾌락의, 즐기는, 향락의. anuyoga; m. 탐닉, 전심專心, 전념, 실천, 몰두].

hīno: hīna. adj. m.sg.nom. 저열한, 낮은, 열등한, 경멸할, 천박한.

gammo: gamma. adj. m.sg.nom. 세속적인, 마을의, 시정의, 천한, 신앙 없는.

puthujjaniko: puthujjanika. adj. m.sg.nom. 범부의, 평범한, 보통의.

anariyo: anariya. adj. m.sg.nom. 고귀하지 않은, 천한, 비천한. [an°; 부정의 접두사. ~아님, ~없음. ariya; adj. 고귀한, 성스러운. m. 성자].

anatthasaṃhito: anatthasaṃhita. adj. m.sg.nom. 이롭지 못한, 이익을 가져오지 않는, 무익한. [an°; 부정의 접두사. ~아님, ~없음. attha; m. 이익, 목적. saṃhita; adj. 갖추어진, 관계가 있는, 구족한, 가진].

yo: ya. pron. rel. m.sg.nom. 어떤, 어느 것은, 어떤 ~는.

cāyam: [ca-ayam]. 그리고 이것은. [ca; conj. 그리고. ayam; pron. m.sg.nom. 이것은].

attakilamathānuyogo: attakilamathānuyoga. m.sg.nom. 고행에 전심專心하는 것이, 자신을 피곤하게 하는 것에 몰두하는 것이. [atta; m. 자기, 아我. kilamatha; m. 피곤함, 피로. anuyoga; m. 전심專心, 전념, 실천, 종사, 몰두, 탐닉].

dukkho: dukkha. adj. m.sg.nom. 고통스러운, 괴로운.

anariyo: anariya. adj. m.sg.nom. 고귀하지 않은, 천한, 비천한. [an°; 부정의 접두사. ~아님, ~없음. ariya; adj. 고귀한, 성스러운. m. 성자].

anatthasaṃhito: anatthasaṃhita. adj. m.sg.nom. 이롭지 못한, 이익을 가져오지 않는, 무익한. [an°; 부정의 접두사. ~아님, ~없음. attha; m. 이익, 목적. saṃhita; adj. 갖추어진, 관계가 있는, 구족한, 가진].

ete: eta. pron. adj. m.pl.acc. 이런, 이들.

te: ta. pron. m.pl.acc. 그, 그들을.

bhikkhave: bhikkhu. m.pl.voc. 비구들이여.

ubho: ubha. adj. m.pl.acc. 양쪽, 둘 다. [원래 목적격 복수형은 ubhe 여야 하나 여기서 ubho로 사용함].

ante: anta. m.pl.acc. 극단들을, 끝들을.

anupagamma: [anupagacchati(가까이 가지 않다, 접근하지 않다)의 abs.]. 멀리하고, 가까이 가지 않고. [an°; 부정의 접두사. ~아님, ~없음. upagamma; upagacchati(가까이 가다, 접근하다)의 abs. 가까이 가서, 접근하여].

majjhimā: majjhima. adj. f.sg.nom. 중中의, 중간의.

paṭipadā: f.sg.nom. 도道는, ~을 지향하는 걸음이 밟는 길은, ~을 견지하며 걷는 걸음은, ~을 향한 걸음은, 걸음걸이는.

Tathāgatena: Tathāgata. m.sg.ins. 여래에 의해서.

abhisambuddhā: abhisambuddha[abhisambujjhati(완전하게 깨닫다)의 pp.]. adj. f.sg.nom. 완전하게 깨달은.

cakkhukaraṇī: adj. f.sg.nom. 눈을 밝히는, 눈을 만드는. [cakkhu; n. 눈. karaṇī; karaṇa. adj. f. 하는, 만드는].

ñāṇakaraṇī: adj. f.sg.nom. 앎을 밝히는, 앎을 만드는, 지혜를 만드는. [ñāṇa; n. 앎, 지혜. karaṇī; karaṇa. adj. f. 하는, 만드는].

upasamāya: upasama. m.sg.dat. 고요[寂靜]로, 고요함으로, 가라앉음으로.

abhiññāya: abhiññā. f.sg.dat. 수승한 지혜[神通智]로, 신통으로.

sambodhāya: sambodha. m.sg.dat. 깨달음으로.

nibbānāya: nibbāna. n.sg.dat. 열반으로.

saṃvattati: 3rd.sg.pres. 이끈다, 나아간다.

Dhammacakkappavattanasutta

04

Katamā ca sā bhikkhave majjhimā paṭipadā
까따마 짜 싸 빅카웨 맛지마 빠띠빠다

Tathāgatena abhisambuddhā cakkhukaraṇī
따타아가떼나 아비삼붓다 짝쿠까라니

ñāṇakaraṇī upasamāya abhiññāya sambodhāya
냐아나까라니 우빠사마아야 아빈냐아야 삼보다아야

nibbānāya saṃvattati. Ayam eva ariyo
닙바아나아야 상왓따띠. 아얌 에와 아리요

aṭṭhaṅgiko maggo, seyyathīdaṃ, sammādiṭṭhi
앗탕기꼬 막고, 세이야티이당, 삼마아딧티

sammāsaṅkappo sammāvācā sammākammanto
삼마아상깝뽀 삼마아와아짜 삼마아깜만또

sammāājīvo sammāvāyāmo sammāsati
삼마아아아지이오 삼마아와아야아모 삼마아사띠

sammāsamādhi. Ayaṃ kho sā bhikkhave
삼마아사마아디. 아양 코 싸 빅카웨

majjhimā paṭipadā Tathāgatena abhisambuddhā
맛지마 빠띠빠다 따타아가떼나 아비삼붓다

cakkhukaraṇī ñāṇakaraṇī upasamāya abhiññāya
짝쿠까라니 냐아나까라니 우빠사마아야 아빈냐아야

sambodhāya nibbānāya saṃvattati.
삼보다아야 닙바아나아야 상왓따띠.

비구들이여, 여래가 완전하게 깨달은(깨닫고 내디딘) 중도란 어떤 것인가? 그 중도는 눈을 밝히고 앎을 밝히는 것이어서 고요[寂靜]로, 수승한 지혜[神通智]로, 깨달음으로, 열반으로 나아가게 한다. 그것은 여덟 가지 요소, 즉 바른 견해[正見]·바른 사유[正思]·바른 말[正語]·바른 행위[正業]·바른 생계[正命]·바른 노력[正精進]·바른 마음챙김[正念]·바른 집중[正定]으로 이루어진 성스러운 길[聖八支道]이다. 비구들이여, 실로 이 길은 여래가 완전하게 깨달은(깨닫고 내디딘), 중中을 지향하는 걸음이 밟는 길로 눈을 밝히고 앎을 밝히는 것이어서 고요로, 수승한 지혜로, 깨달음으로, 열반으로 이끈다.

katamā: katama. pron. interr. f.sg.nom. 어떤 것이, 무엇이.

ca: conj. 그리고, 자, 그러니까, ~와, ~과, 또한(부정 뒤에서).

sā: sa. pron. adj. f.sg.nom. 그, 그것이.

bhikkhave: bhikkhu. m.pl.voc. 비구들이여.

majjhimā: majjhima. adj. f.sg.nom. 중中의, 중간의.

paṭipadā: f.sg.nom. 도道는, ~을 지향하는 걸음이 밟는 길은, ~을 견지하며 걷는 걸음은, ~을 향한 걸음은, 걸음걸이는.

Tathāgatena: Tathāgata. m.sg.ins. 여래에 의해서.

abhisambuddhā: abhisambuddha[abhisambujjhati(완전하게 깨닫다)의 pp.]. adj. f.sg.nom. 완전하게 깨달은, 완전하게 깨닫고 내디딘.

cakkhukaraṇī: adj. f.sg.nom. 눈을 밝히는, 눈을 만드는. [cakkhu; n. 눈. karaṇī; karaṇa. adj. f. 하는, 만드는].

ñāṇakaraṇī: adj. f.sg.nom. 앎을 밝히는, 앎을 만드는, 지혜를 만드는. [ñāṇa; n. 앎, 지혜. karaṇī; karaṇa. adj. f. 하는, 만드는].

upasamāya: upasama. m.sg.dat. 고요[寂靜]로, 고요함으로, 가라앉음으로.

abhiññāya: abhiññā. f.sg.dat. 수승한 지혜[神通智]로, 신통으로.

sambodhāya: sambodha. m.sg.dat. 깨달음으로.

nibbānāya: nibbāna. n.sg.dat. 열반으로.

saṃvattati: 3rd.sg.pres. 나아간다, 이끈다.

ayam: pron. m.sg.nom. 그것은, 이것이.

eva: ind. adv. 다만, 단지.

ariyo: ariya. adj. m.sg.nom. 성스러운, 고귀한.

aṭṭhaṅgiko: aṭṭhaṅgika. adj. m.sg.nom. 여덟 가지 요소로 된, 여덟 가지의.

maggo: magga. m.sg.nom. 길은, 도道는.

seyyathīdaṃ: ind. 즉, 말하자면.

sammādiṭṭhi: f.sg.nom. 바른 견해가, 정견正見이. [sammā; adj. 바른. diṭṭhi; f. 견해, 견見].

sammāsaṅkappo: sammāsaṅkappa. m.sg.nom. 바른 사유가, 정사正思가. [sammā; adj. 바른. saṅkappa; m. 사유].

sammāvācā: f.sg.nom. 바른 말이, 바른 언어가, 정어正語가. [sammā; adj. 바른. vācā; f. 말].

sammākammanto: sammākammanta. m.sg.nom. 바른 행위가, 정업正業이. [sammā; adj. 바른. kammanta; m. 행위, 업業].

sammāājīvo: sammāājīva. m.sg.nom. 바른 생계가, 정명正命이. [sammā; adj. 바른. ājīva; m. 생계, 생활, 명命].

sammāvāyāmo: sammāvāyāma. m.sg.nom. 바른 노력이, 정정진正精進이. [sammā; adj. 바른. vāyāma; m. 노력, 정진].

sammāsati: f.sg.nom. 바른 마음챙김이, 정념正念이. [sammā; adj. 바른. sati; f. 마음챙김, 염念].

sammāsamādhi: m.sg.nom. 바른 집중이, 바른 삼매가, 정정正定이. [sammā; adj. 바른. samādhi; m. 집중, 삼매, 정定].

ayaṃ: pron. m.sg.nom. 이것이, 그것은.

kho: ind. adv. 참으로, 실로.

sā: sa. pron. adj. f.sg.nom. 그것이, 그.

bhikkhave: bhikkhu. m.pl.voc. 비구들이여.

majjhimā: majjhima. adj. f.sg.nom. 중中의, 중간의.

paṭipadā: f.sg.nom. ~을 지향하는 걸음이 밟는 길은, ~을 견지하며 걷는 걸음은, ~을 향한 걸음은, 걸음걸이는, 도道는.

Tathāgatena: Tathāgata. m.sg.ins. 여래에 의해서.

abhisambuddhā: abhisambuddha[abhisambujjhati(완전하게 깨닫다)의 pp.]. adj. f.sg.nom. 완전하게 깨달은, 완전하게 깨닫고 내디딘.

cakkhukaraṇī: adj. f.sg.nom. 눈을 밝히는, 눈을 만드는. [cakkhu; n. 눈. karaṇī; karaṇa. adj. f. 하는, 만드는].

ñāṇakaraṇī: adj. f.sg.nom. 앎을 밝히는, 앎을 만드는, 지혜를 만드는. [ñāṇa; n. 앎, 지혜. karaṇī; karaṇa. adj. f. 하는, 만드는].

upasamāya: upasama. m.sg.dat. 고요로, 고요함으로, 가라앉음으로.

abhiññāya: abhiññā. f.sg.dat. 수승한 지혜로, 신통으로.

sambodhāya: sambodha. m.sg.dat. 깨달음으로.

nibbānāya: nibbāna. n.sg.dat. 열반으로.

saṃvattati: 3rd.sg.pres. 이끈다, 나아간다.

Dhammacakkappavattanasutta

05

Idaṃ kho pana bhikkhave dukkham
이당 코 빠나 빅카웨 둑캄

ariyasaccaṃ. Jāti pi dukkhā jarā pi dukkhā
아리야삿짱. 자아띠 삐 둑카 자라 삐 둑카

vyādhi pi dukkhā[26] maraṇam pi dukkhaṃ
위야아디 삐 둑카 마라남 삐 둑캉

sokaparidevadukkhadomanassupāyāsā pi
소까 빠리데와 둑카 도마나쑤빠아야아싸 삐

dukkhā, appiyehi sampayogo dukkho piyehi
둑카, 압삐예히 삼빠요고 둑코 삐예히

vippayogo dukkho, yam picchaṃ na
윕빠요고 둑코, 얌 삣창 나

labhati tam pi dukkhaṃ, saṃkhittena
라바띠 땀 삐 둑캉, 상킷떼나

pañcupādānakkhandhā pi dukkhā.
빤쭈빠아다아낙칸다 삐 둑카.

26 미얀마본에는 dukkho로 되어있음.

비구들이여, 이것이 고苦라는 성스러운 진리[苦聖諦]이다. 태어남이 고이고 늙음이 고이고 병듦이 고이고 죽음이 고이다. 슬픔·비탄·고통·근심·고뇌도 고이다. 좋아하지 않는 것들과 마주치는 것이 고이고 좋아하는 것들과 멀어지는 것이 고이며 원하는 것을 얻지 못하는 것도 고이다. 요컨대 다섯 가지 집착의 쌓임[五取蘊] 치고 고苦 아닌 것이 없다.

---

idaṃ: pron. n.sg.nom. 이것이.

kho: ind. adv. 참으로, 실로.

pana: ind. conj. 한편, 그러나.

bhikkhave: bhikkhu. m.pl.voc. 비구들이여.

dukkham: dukkha. n.sg.nom. 고苦라는, 고苦가, 괴로움이.

ariyasaccaṃ: [ariya-sacca]. ariyasacca. n.sg.nom. 성스러운 진리가, 성제聖諦가. [ariya; adj. 성스러운. sacca; n. 진리].

jāti: f.sg.nom. 태어남이, 생生이.

pi: ind. 또한, ~도.

dukkhā: dukkha. adj. f.sg.nom. 괴로운.

jarā: f.sg.nom. 늙음이, 노老가.

pi: ind. 또한, ~도.

dukkhā: dukkha. adj. f.sg.nom. 괴로운.

vyādhi: f./m.sg.nom. 병듦이, 질병이, 병病이.

pi: ind. 또한, ~도.

dukkhā: dukkha. adj. f./m.sg.nom. 괴로운.

maraṇam: maraṇa. n.sg.nom. 죽음이, 사死가.

pi: ind. 또한, ~도.

dukkhaṃ: dukkha. adj. n.sg.nom. 괴로운.

sokaparidevadukkhadomanassupāyāsā: sokaparidevadukkhadomanassupāyāsa. m.pl.nom. 슬픔·비탄·고통·근심·고뇌가. [soka; m. 슬픔, 비탄, 수愁. parideva; m. 비탄, 비悲. dukkha; n. 육체적인 고통, 고苦. domanassa; n. 근심, 우울, 정신적인 고통, 우憂. [끝음 a 탈락]. upāyāsa; m. 고뇌, 근심, 절망, 뇌惱].

pi: ind. 또한, ~도.

dukkhā: dukkha. adj. m.pl.nom. 괴로운.

appiyehi: appiya. adj. m./n.pl.ins. 좋아하지 않는 것들과, 사랑하지 않는 이들과. [a°; 부정의 접두사. ~아님, ~없음. piya; adj. 좋아하는, 사랑하는].

sampayogo: sampayoga. m.sg.nom. 마주치는 것이, 관련이, 상응이, 결합이, 가까워지는 것이.

dukkho: dukkha. adj. m.sg.nom. 괴로운.

piyehi: piya. adj. m./n.pl.abl. 좋아하는 것들로부터, 사랑하는 것들로부터, 사랑하는 이들로부터.

vippayogo: vippayoga. m.sg.nom. 멀어지는 것이, 분리가, 이별이, 불상응이.

dukkho: dukkha. adj. m.sg.nom. 괴로운.

yam: ya. pron. rel. m.sg.acc. 어떤, 어떤 것을.

picchaṃ: [pi-icchaṃ]. 또한 원하는 것을. [pi; ind. 또한. [i 탈락]. icchaṃ; icchā[icchati(원하다)의 ppr.]. f.sg.acc. 원하는 것을, 원함을, 욕구를, 원하는 동안].

na: ind. 없다, 아니다.

labhati: 3rd.sg.pres. 얻다.

tam: ta. pron. n.sg.nom. 그것이, 그.

pi: ind. 또한, ~도.

dukkhaṃ: dukkha. adj. n.sg.nom. 괴로운.

saṃkhittena: saṃkhitta[saṅkhipati(모으다, 쌓다)의 pp.]. ind. adv. 요컨대, 간략히, 요약해서.

pañcupādānakkhandhā: pañcupādānakkhandha. m.pl.nom. 다섯 가지 집착의 쌓임[五取蘊]이, 집착대상으로서 다섯 가지 더미가. [pañca; num. 5, 다섯. [끝음 a 탈락]. upādāna; n. 집착, 취착. [복합어에서 k 첨가]. khandha; m. 온蘊, 더미].

pi: ind. 또한, ~도.

dukkhā: dukkha. adj. m.pl.nom. 괴로운.

06

Idaṃ kho pana bhikkhave dukkhasamudayam
이당 코 빠나 빅카웨 둑카사무다얌

ariyasaccaṃ. Yāyaṃ taṇhā ponobhavikā nandī
아리야삿짱. 야아양 딴하 뽀노바위까 난디

rāgasahagatā tatra tatrābhinandinī, seyyathīdaṃ,
라아가사하가따 따뜨라 따뜨라아비난디니, 세이야티이당,

kāmataṇhā bhavataṇhā vibhavataṇhā.
까아마딴하 바와딴하 위바와딴하.

비구들이여, 이것이 고苦가 일어나는 원인[集起]이라는(고의 원인을 밝히는) 성스러운 진리[集聖諦]이다. 고가 일어나는 원인은 갈애이다. 갈애는 즐김·욕망과 얽혀 이리저리 즐거움을 찾게 하며 거듭 태어나게 한다. 즉 그것은 감각적 쾌락을 구하는 갈애[欲愛], 존재하고자 하는 갈애[有愛], 존재하지 않고자 하는 갈애[無有愛]이다.

---

idaṃ: pron. n.sg.nom. 이것이.

kho: ind. adv. 참으로, 실로.

pana: ind. conj. 한편, 그러나.

bhikkhave: bhikkhu. m.pl.voc. 비구들이여.

dukkhasamudayam: dukkhasamudaya. n.sg.nom. 고苦가 일어나는 원인[集起]이라는, 고의 원인을 밝히는, 고의 원인이, 고의 일어남이, 고집苦集이. [dukkha; n. 고苦, 괴로움. samudaya; m. 일어남, 집集, 집기集起, 발생, 기원, 원인].

ariyasaccaṃ: [ariya-sacca]. ariyasacca. n.sg.nom. 성스러운 진리가, 성제聖諦가. [ariya; adj. 성스러운. sacca; n. 진리].

yāyaṃ: [yā-ayaṃ]. ~라는 이것이, 어떤 이것이. [yā; ya. pron. rel. f.sg.nom. ~라는, 어떤. ayaṃ; pron. f.sg.nom. 이것이].

taṇhā: f.sg.nom. 갈애가, 애愛가.

ponobhavikā: ponobhavika. adj. f.sg.nom. 거듭 태어나게 하는, 재생再生으로 통하는, 재생하는.

nandī: f.sg.nom. 즐김이, 즐거움이, 기쁨이, 열희悅喜가, 환희가, 환락이.

rāgasahagatā: rāgasahagata. adj. f.sg.nom. 욕망과 얽혀, 탐욕을 수반한. [rāga; m. 욕망, 탐욕, 집착. sahagatā; sahagata. adj. f. 얽힌, 관련된, 수반하는, 부수하는].

tatra: ind. adv. 그곳에. [tatra tatra; 이리저리, 여기저기에, 이런저런].

tatrābhinandinī: 이리저리 즐거움을 찾게 하여, 여기저기서 즐거움을 찾아. [tatra; ind. adv. 그곳에. abhinandinī; adj. f. 즐거워하는, 기뻐하는, 애락愛樂하는].

seyyathīdaṃ: ind. 즉, 말하자면.

kāmataṇhā: f.sg.nom. 감각적 쾌락을 구하는 갈애가, 감각적 쾌락에 대한 갈망이, 욕애欲愛가. [kāma; m. 감각적 쾌락, 욕구. taṇhā; f. 갈애, 애愛].

bhavataṇhā: f.sg.nom. 존재하고자 하는 갈애가, 존재에 대한 갈망이, 유애有愛가. [bhava; m. 존재, 유. taṇhā; f. 갈애, 애愛].

vibhavataṇhā: f.sg.nom. 존재하지 않고자 하는 갈애가, 비존재에 대한 갈망이, 무유애無有愛가. [vibhava; m. 비존재, 무유. taṇhā; f. 갈애, 애愛].

Dhammacakkappavattanasutta

07

Idaṃ kho pana bhikkhave dukkhanirodham
이당 코 빠나 빅카웨 둑카니로담

ariyasaccaṃ. Yo tassā yeva taṇhāya
아리야삿짱. 요 땃싸 예와 딴하아야

asesavirāganirodho cāgo paṭinissaggo
아세사위라아가니로도 짜아고 빠띠닛싹고

mutti anālayo.
뭇띠 아나알라요.

비구들이여, 이것이 고苦의 멸이라는 성스러운 진리[滅聖諦]이다. 고의 멸은 실로 갈애를 남김없이 소멸시키고 버리고 놓고 벗어나고 떠나는 것이다.

---

idaṃ: pron. n.sg.nom. 이것이.

kho: ind. adv. 참으로, 실로.

pana: ind. conj. 한편, 그러나.

bhikkhave: bhikkhu. m.pl.voc. 비구들이여.

dukkhanirodham: dukkhanirodha. n.sg.nom. 고苦의 멸이라는, 고의 멸이, 고의 소멸이, 고멸苦滅이. [dukkha; n. 고苦, 괴로움. nirodha; m. 멸, 소멸, 지멸].

ariyasaccaṃ: [ariya-sacca]. ariyasacca. n.sg.nom. 성스러운 진리가, 성제聖諦가. [ariya; adj. 성스러운. sacca; n. 진리].

yo: ya. pron. rel. m.sg.nom. ~라는 것은, 어떤 ~는, 어떤 자는, 어느 것은.

tassā: ta. pron. f.sg.gen. 그, 그것의.

yeva: [y-eva]. eva. ind. adv. 단지, 다만. [y-; tassā와 eva 사이에 y 첨가].

taṇhāya: taṇhā. f.sg.gen. 갈애의, 애愛의.

asesavirāganirodho: asesavirāganirodha. m.sg.nom. 남김없이 사라져 소멸함이. [asesa; adj. 남김없이, 나머지가 없는, 완전한. virāga; m. 사라짐, 이욕離慾. nirodha; m. 멸, 소멸, 지멸].

cāgo: cāga. m.sg.nom. 버림이, 단념이, 포기가.

paṭinissaggo: paṭinissagga. m.sg.nom. 놓음이, 놓아버림이, 완전히 버림이, 포기가, 거부가, 단념이.

mutti: f.sg.nom. 벗어남이, 해탈이, 해방이, 자유가.

anālayo: anālaya. m.sg.nom. 싫어하여 떠남이, 집착이 없음이, 염리厭離가, 무착無着이. [an°; 부정의 접두사. ~아님, ~없음. ālaya; m./n. 거처, 영역, 집착, 애착].

Dhammacakkappavattanasutta

08

Idaṃ kho pana bhikkhave dukkhanirodhagāminī
이당 코 빠나 빅카웨 둑카니로다가아미니

paṭipadā ariyasaccam. Ayam eva ariyo
빠띠빠다 아리야삿짬. 아얌 에와 아리요

aṭṭhaṅgiko maggo, seyyathīdaṃ, sammādiṭṭhi
앗탕기꼬 막고, 세이야티이당, 삼마아딧티

sammāsaṅkappo sammāvācā sammākammanto
삼마아상깝뽀 삼마아와아짜 삼마아깜만또

sammāājīvo sammāvāyāmo sammāsati
삼마아아아지이오 삼마아와아야아모 삼마아사띠

sammāsamādhi.
삼마아사마아디.

비구들이여, 이것이 고苦의 멸에 이르는 걸음이라는 성스러운 진리[道聖諦]이다. 그것은 실로 여덟 가지 요소, 즉 바른 견해[正見]·바른 사유[正思]·바른 말[正語]·바른 행위[正業]·바른 생계[正命]·바른 노력[正精進]·바른 마음챙김[正念]·바른 집중[正定]으로 이루어진 성스러운 길[聖八支道]이다.

---

idaṃ: pron. n.sg.nom. 이것이.

kho: ind. adv. 참으로, 실로.

pana: ind. conj. 한편, 그러나.

bhikkhave: bhikkhu. m.pl.voc. 비구들이여.

dukkhanirodhagāminī: dukkhanirodhagāmin. adj. f.sg.nom. 고苦의 멸에 이르는, 고의 멸로 가는, 고의 멸로 이끄는. [dukkha; n. 고苦, 괴로움. nirodha; m. 멸, 소멸, 지멸. °gāmin; adj. ~에 이르는, ~로 가는, 이끄는].

paṭipadā: f.sg.nom. 걸음이라는, 걸음은, 걸음걸이는, 도道는.

ariyasaccam: [ariya-sacca]. ariyasacca. n.sg.nom. 성스러운 진리가, 성제聖諦가. [ariya; adj. 성스러운. sacca; n. 진리].

ayam: pron. m.sg.nom. 그것은, 이것이.

eva: ind. adv. 실로, 단지.

ariyo: ariya. m.sg.nom. 성스러운, 고귀한.

aṭṭhaṅgiko: aṭṭhaṅgika. adj. m.sg.nom. 여덟 가지 요소로 된, 여덟 가지의.

maggo: magga. m.sg.nom. 길이, 길은, 도道가.

seyyathīdaṃ: ind. 즉, 말하자면.

sammādiṭṭhi: f.sg.nom. 바른 견해가, 정견正見이. [sammā; adj. 바른. diṭṭhi; f. 견해, 견見].

sammāsaṅkappo: sammāsaṅkappa. m.sg.nom. 바른 사유가, 정사正思가. [sammā; adj. 바른. saṅkappa; m. 사유].

sammāvācā: f.sg.nom. 바른 말이, 바른 언어가, 정어正語가. [sammā; adj. 바른. vācā; f. 말].

sammākammanto: sammākammanta. m.sg.nom. 바른 행위가, 정업正業이. [sammā; adj. 바른. kammanta; m. 행위, 업業].

sammāājīvo: sammāājīva. m.sg.nom. 바른 생계가, 정명正命이. [sammā; adj. 바른. ājīva; m. 생계, 생활, 명命].

sammāvāyāmo: sammāvāyāma. m.sg.nom. 바른 노력이, 정정진正精進이. [sammā; adj. 바른. vāyāma; m. 노력, 정진].

sammāsati: f.sg.nom. 바른 마음챙김이, 정념正念이. [sammā; adj. 바른. sati; f. 마음챙김, 염念].

sammāsamādhi: m.sg.nom. 바른 집중이, 바른 삼매가, 정정正定이. [sammā; adj. 바른. samādhi; m. 집중, 삼매, 정定].

Dhammacakkappavattanasutta

09

Idaṃ dukkham ariyasaccan ti me bhikkhave
이당 둑캄 아리야삿짠 띠 메 빅카웨
pubbe ananussutesu dhammesu cakkhum udapādi
뿝베 아나누수떼수 담메수 짝쿰 우다빠아디
ñāṇam udapādi paññā udapādi vijjā udapādi
냐아남 우다빠아디 빤냐 우다빠아디 윗자 우다빠아디
āloko udapādi. Taṃ kho panidaṃ dukkham
아알로꼬 우다빠아디. 땅 코 빠니당 둑캄
ariyasaccam pariññeyyan ti me bhikkhave pubbe
아리야삿짬 빠린녜얀 띠 메 빅카웨 뿝베
ananussutesu dhammesu cakkhum udapādi
아나누수떼수 담메수 짝쿰 우다빠아디
ñāṇam udapādi paññā udapādi vijjā udapādi
냐아남 우다빠아디 빤냐 우다빠아디 윗자 우다빠아디
āloko udapādi. Taṃ kho panidaṃ dukkham
아알로꼬 우다빠아디. 땅 코 빠니당 둑캄
ariyasaccam pariññātan ti me bhikkhave pubbe
아리야삿짬 빠린냐아딴 띠 메 빅카웨 뿝베
ananussutesu dhammesu cakkhum udapādi
아나누수떼수 담메수 짝쿰 우다빠아디
ñāṇam udapādi paññā udapādi vijjā udapādi
냐아남 우다빠아디 빤냐 우다빠아디 윗자 우다빠아디
āloko udapādi.
아알로꼬 우다빠아디.

비구들이여, '이것이 고苦라는 성스러운 진리[苦聖諦]이다.'라고 하는 이전에 들어보지 못한 담마에 대해서 나에게 눈[眼]이 생겨났고, 앎[智]이 생겨났고, 지혜[慧]가 생겨났고, 명지[明]가 생겨났고, 광명[光]이 생겨났다. 비구들이여, '이 고라는 성스러운 진리는 완전히 알아야 한다.'라고 하는 이전에 들어보지 못한 담마에 대해서 나에게 눈이 생겨났고, 앎이 생겨났고, 지혜가 생겨났고, 명지가 생겨났고, 광명이 생겨났다. 비구들이여, '이 고라는 성스러운 진리를 완전히 알았다.'라고 하는 이전에 들어보지 못한 담마에 대해서 나에게 눈이 생겨났고, 앎이 생겨났고, 지혜가 생겨났고, 명지가 생겨났고, 광명이 생겨났다.

idaṃ: pron. n.sg.nom. 이것이.

dukkham: dukkha. n.sg.nom. 고苦라는, 고苦가, 괴로움이.

ariyasaccan: [ariya-sacca]. ariyasacca. n.sg.nom. 성스러운 진리가, 성제聖諦가. [ariya; adj. 성스러운. sacca; n. 진리]. [saccaṃ ti 〉 saccan ti].

ti: ind. ~라고. [iti의 축약].

me: aham. 1st.pron. sg.dat. 나에게.

bhikkhave: bhikkhu. m.pl.voc. 비구들이여.

pubbe: ind. 이전에.

ananussutesu: ananussuta. adj. m.pl.loc. 들어보지 못한, 듣지 못한. [an°; 부정의 접두사. ~아님, ~없음. anussuta; anusuṇāti(듣다)의 pp. 들은].

dhammesu: dhamma. m.pl.loc. 담마에 대해서, 법들 가운데, 법들에.

cakkhum: cakkhu. n.sg.nom. 눈[眼]이.

udapādi: [uppajjati(생겨나다, 일어나다, 발생하다)의 aor.]. 3rd.sg.aor. 생겨났다, 일어났다, 발생했다.

ñāṇam: ñāṇa. n.sg.nom. 앎[智]이, 지혜가, 지식이.

udapādi: [uppajjati(생겨나다, 일어나다, 발생하다)의 aor.]. 3rd.sg.aor. 생겨났다, 일어났다, 발생했다.

paññā: f.sg.nom. 지혜[慧]가, 통찰이.

udapādi: [uppajjati(생겨나다, 일어나다, 발생하다)의 aor.]. 3rd.sg.aor. 생겨났다, 일어났다, 발생했다.

vijjā: f.sg.nom. 명지[明]가, 밝음이.

udapādi: [uppajjati(생겨나다, 일어나다, 발생하다)의 aor.]. 3rd.sg.aor. 생겨났다, 일어났다, 발생했다.

āloko: āloka. m.sg.nom. 광명[光]이, 빛이.

udapādi: [uppajjati(생겨나다, 일어나다, 발생하다)의 aor.]. 3rd.sg.aor. 생겨났다, 일어났다, 발생했다.

taṃ: ta. pron. adj. n.sg.nom. 이, 이것이.

kho: ind. adv. 참으로, 실로. [kho pana; 한편, 그런데].

panidaṃ: [pana-idaṃ]. 한편 이것이. [pana; ind. conj. 한편, 그러나. [pana의 끝음 a 탈락]. idaṃ; pron. n.sg.nom. 이것이]].

dukkham: dukkha. n.sg.nom. 고苦라는, 고苦가, 괴로움이.

ariyasaccam: [ariya-sacca]. ariyasacca. n.sg.nom. 성스러운 진리는, 성제聖諦가. [ariya; adj. 성스러운. sacca; n. 진리].

pariññeyyan: pariññeyya[parijānāti(완전히 알다, 완전히 이해하다)의 grd.]. adj. n.sg.nom. 완전히 알아야 할, 완전히 이해해야 할. [pariññeyyaṃ ti 〉 pariññeyyan ti].

ti: ind. ~라고. [iti의 축약].

me: aham. 1st.pron. sg.dat. 나에게.

bhikkhave: bhikkhu. m.pl.voc. 비구들이여.

pubbe: ind. 이전에.

ananussutesu: ananussuta. adj. m.pl.loc. 들어보지 못한, 듣지 못한. [an°; 부정의 접두사. ~아님, ~없음. anussuta; anusuṇāti(듣다)의 pp. 들은].

dhammesu: dhamma. m.pl.loc. 담마에 대해서, 법들 가운데, 법들에.

cakkhum: cakkhu. n.sg.nom. 눈[眼]이.

udapādi: [uppajjati(생겨나다, 일어나다, 발생하다)의 aor.]. 3rd.sg.aor. 생겨났다, 일어났다, 발생했다.

ñāṇam: ñāṇa. n.sg.nom. 앎[智]이, 지혜가, 지식이.

udapādi: [uppajjati(생겨나다, 일어나다, 발생하다)의 aor.]. 3rd.sg.aor. 생겨났다, 일어났다, 발생했다.

paññā: f.sg.nom. 지혜[慧]가, 통찰이.

udapādi: [uppajjati(생겨나다, 일어나다, 발생하다)의 aor.]. 3rd.sg.aor. 생겨났다, 일어났다, 발생했다.

vijjā: f.sg.nom. 명지[明]가, 밝음이.

udapādi: [uppajjati(생겨나다, 일어나다, 발생하다)의 aor.]. 3rd.sg.aor. 생겨났다, 일어났다, 발생했다.

āloko: āloka. m.sg.nom. 광명[光]이, 빛이.

udapādi: [uppajjati(생겨나다, 일어나다, 발생하다)의 aor.]. 3rd.sg.aor. 생겨났다, 일어났다, 발생했다.

taṃ: ta. pron. adj. n.sg.nom. 이, 이것이.

kho: ind. adv. 참으로, 실로. [kho pana; 한편, 그런데].

panidaṃ: [pana-idaṃ]. 한편 이것이. [pana; ind. conj. 한편, 그러나. [pana의 끝음 a 탈락]. idaṃ; pron. n.sg.nom. 이것이]].

dukkham: dukkha. n.sg.nom. 고苦라는, 고苦가, 괴로움이.

ariyasaccam: [ariya-sacca]. ariyasacca. n.sg.nom. 성스러운 진리가, 성제聖諦가. [ariya; adj. 성스러운. sacca; n. 진리].

pariññātan: pariññāta[parijānāti(완전히 알다, 완전히 이해하다)의 pp.]. adj. n.sg.nom. 완전히 아는, 완전히 안, 완전히 이해한. [pariññātaṃ ti 〉 pariññātan ti].

ti: ind. ~라고. [iti의 축약].

me: aham. 1st.pron. sg.dat. 나에게.

bhikkhave: bhikkhu. m.pl.voc. 비구들이여.

pubbe: ind. 이전에.

ananussutesu: ananussuta. adj. m.pl.loc. 들어보지 못한, 듣지 못한. [an°; 부정의 접두사. ~아님, ~없음. anussuta; anusuṇāti(듣다)의 pp. 들은].

dhammesu: dhamma. m.pl.loc. 담마에 대해서, 법들 가운데, 법들에.

cakkhum: cakkhu. n.sg.nom. 눈[眼]이.

udapādi: [uppajjati(생겨나다, 일어나다, 발생하다)의 aor.]. 3rd.sg.aor. 생겨났다, 일어났다, 발생했다.

ñāṇam: ñāṇa. n.sg.nom. 앎[智]이, 지혜가, 지식이.

udapādi: [uppajjati(생겨나다, 일어나다, 발생하다)의 aor.]. 3rd.sg.aor. 생겨났다, 일어났다, 발생했다.

paññā: f.sg.nom. 지혜[慧]가, 통찰이.

udapādi: [uppajjati(생겨나다, 일어나다, 발생하다)의 aor.]. 3rd.sg.aor. 생겨났다, 일어났다, 발생했다.

vijjā: f.sg.nom. 명지[明]가, 밝음이.

udapādi: [uppajjati(생겨나다, 일어나다, 발생하다)의 aor.]. 3rd.sg.aor. 생겨났다, 일어났다, 발생했다.

āloko: āloka. m.sg.nom. 광명[光]이, 빛이.

udapādi: [uppajjati(생겨나다, 일어나다, 발생하다)의 aor.]. 3rd.sg.aor. 생겨났다, 일어났다, 발생했다.

10

Idaṃ dukkhasamudayam ariyasaccan ti me
이당 둑카사무다얌 아리야삿짠 띠 메
bhikkhave pubbe ananussutesu dhammesu
빅카웨 뿝베 아나누수떼수 담메수
cakkhum udapādi ñāṇam udapādi paññā
짝쿰 우다빠아디 냐아남 우다빠아디 빤냐
udapādi vijjā udapādi āloko udapādi. Taṃ kho
우다빠아디 윗자 우다빠아디 아알로꼬 우다빠아디. 땅 코
panidaṃ dukkhasamudayam ariyasaccam
빠니당 둑카사무다얌 아리야삿짬
pahātabban ti me bhikkhave pubbe ananussutesu
빠하아땁반 띠 메 빅카웨 뿝베 아나누수떼수
dhammesu cakkhum udapādi ñāṇam udapādi
담메수 짝쿰 우다빠아디 냐아남 우다빠아디
paññā udapādi vijjā udapādi āloko udapādi.
빤냐 우다빠아디 윗자 우다빠아디 아알로꼬 우다빠아디.
Taṃ kho panidaṃ dukkhasamudayam
땅 코 빠니당 둑카사무다얌
ariyasaccam pahīnan ti me bhikkhave pubbe
아리야삿짬 빠히이난 띠 메 빅카웨 뿝베
ananussutesu dhammesu cakkhum udapādi
아나누수떼수 담메수 짝쿰 우다빠아디
ñāṇam udapādi paññā udapādi vijjā udapādi
냐아남 우다빠아디 빤냐 우다빠아디 윗자 우다빠아디
āloko udapādi.
아알로꼬 우다빠아디.

비구들이여, '이것이 고苦가 일어나는 원인[集起]이라는(고의 원인을 밝히는) 성스러운 진리[集聖諦]이다.'라고 하는 이전에 들어보지 못한 담마에 대해서 나에게 눈[眼]이 생겨났고, 앎[智]이 생겨났고, 지혜[慧]가 생겨났고, 명지[明]가 생겨났고, 광명[光]이 생겨났다. 비구들이여, '이 고가 일어나는 원인이라는(고의 원인을 밝히는) 성스러운 진리는 단멸해야 한다.'라고 하는 이전에 들어보지 못한 담마에 대해서 나에게 눈이 생겨났고, 앎이 생겨났고, 지혜가 생겨났고, 명지가 생겨났고, 광명이 생겨났다. 비구들이여, '이 고가 일어나는 원인이라는(고의 원인을 밝히는) 성스러운 진리를 단멸했다.'라고 하는 이전에 들어보지 못한 담마에 대해서 나에게 눈이 생겨났고, 앎이 생겨났고, 지혜가 생겨났고, 명지가 생겨났고, 광명이 생겨났다.

idaṃ: pron. n.sg.nom. 이것이.

dukkhasamudayam: dukkhasamudaya. n.sg.nom. 고苦가 일어나는 원인[集起]이라는, 고의 원인을 밝히는, 고의 원인이, 고의 일어남이, 고집苦集이. [dukkha; n. 고苦, 괴로움. samudaya; m. 일어남, 집集, 집기集起, 발생, 기원, 원인].

ariyasaccan: [ariya-sacca]. ariyasacca. n.sg.nom. 성스러운 진리가, 성제聖諦가. [ariya; adj. 성스러운. sacca; n. 진리]. [saccaṃ ti 〉 saccan ti].

ti: ind. ~라고. [iti의 축약].

me: aham. 1st.pron. sg.dat. 나에게.

bhikkhave: bhikkhu. m.pl.voc. 비구들이여.

pubbe: ind. 이전에.

ananussutesu: ananussuta. adj. m.pl.loc. 들어보지 못한, 듣지 못한. [an°; 부정의 접두사. ~아님, ~없음. anussuta; anusuṇāti(듣다)의 pp. 들은].

dhammesu: dhamma. m.pl.loc. 담마에 대해서, 법들 가운데, 법들에.

cakkhum: cakkhu. n.sg.nom. 눈[眼]이.

udapādi: [uppajjati(생겨나다, 일어나다, 발생하다)의 aor.]. 3rd.sg.aor. 생겨났다, 일어났다, 발생했다.

ñāṇam: ñāṇa. n.sg.nom. 앎[智]이, 지혜가, 지식이.

udapādi: [uppajjati(생겨나다, 일어나다, 발생하다)의 aor.]. 3rd.sg.aor. 생겨났다, 일어났다, 발생했다.

paññā: f.sg.nom. 지혜[慧]가, 통찰이.

udapādi: [uppajjati(생겨나다, 일어나다, 발생하다)의 aor.]. 3rd.sg.aor. 생겨났다, 일어났다, 발생했다.

vijjā: f.sg.nom. 명지[明]가, 밝음이.

udapādi: [uppajjati(생겨나다, 일어나다, 발생하다)의 aor.]. 3rd.sg.aor. 생겨났다, 일어났다, 발생했다.

āloko: āloka. m.sg.nom. 광명[光]이, 빛이.

udapādi: [uppajjati(생겨나다, 일어나다, 발생하다)의 aor.]. 3rd.sg.aor. 생겨났다, 일어났다, 발생했다.

taṃ: ta. pron. adj. n.sg.nom. 이, 이것이.

kho: ind. adv. 참으로, 실로. [kho pana; 한편, 그런데].

panidaṃ: [pana-idaṃ]. 한편 이것이. [pana; ind. conj. 한편, 그러나. [pana의 끝음 a 탈락]. idaṃ; pron. n.sg.nom. 이것이].

dukkhasamudayam: dukkhasamudaya. n.sg.nom. 고가 일어나는 원인이라는, 고의 원인을 밝히는, 고의 원인이, 고의 일어남이, 고집苦集이. [dukkha; n. 고苦, 괴로움. samudaya; m. 일어남, 집集, 집기集起, 발생, 기원, 원인].

ariyasaccam: [ariya-sacca]. ariyasacca. n.sg.nom. 성스러운 진리는, 성제聖諦가. [ariya; adj. 성스러운. sacca; n. 진리].

pahātabban: pahātabba[pajahati(단멸하다, 제거하다, 없애다)의 grd.]. adj. n.sg.nom. 단멸해야 할, 제거되어야 할, 없애야 할. [pahātabbaṃ ti 〉 pahātabban ti].

ti: ind. ~라고. [iti의 축약].

me: aham. 1st.pron. sg.dat. 나에게.

bhikkhave: bhikkhu. m.pl.voc. 비구들이여.

pubbe: ind. 이전에.

ananussutesu: ananussuta. adj. m.pl.loc. 들어보지 못한, 듣지 못한. [an°; 부정의 접두사. ~아님, ~없음. anussuta; anusuṇāti(듣다)의 pp. 들은].

dhammesu: dhamma. m.pl.loc. 담마에 대해서, 법들 가운데, 법들에.

cakkhum: cakkhu. n.sg.nom. 눈[眼]이.

udapādi: [uppajjati(생겨나다, 일어나다, 발생하다)의 aor.]. 3rd.sg.aor. 생겨났다, 일어났다, 발생했다.

ñāṇam: ñāṇa. n.sg.nom. 앎[智]이, 지혜가, 지식이.

udapādi: [uppajjati(생겨나다, 일어나다, 발생하다)의 aor.]. 3rd.sg.aor. 생겨났다, 일어났다, 발생했다.

paññā: f.sg.nom. 지혜[慧]가, 통찰이.

udapādi: [uppajjati(생겨나다, 일어나다, 발생하다)의 aor.]. 3rd.sg.aor. 생겨났다, 일어났다, 발생했다.

vijjā: f.sg.nom. 명지[明]가, 밝음이.

udapādi: [uppajjati(생겨나다, 일어나다, 발생하다)의 aor.]. 3rd.sg.aor. 생겨났다, 일어났다, 발생했다.

āloko: āloka. m.sg.nom. 광명[光]이, 빛이.

udapādi: [uppajjati(생겨나다, 일어나다, 발생하다)의 aor.]. 3rd.sg.aor. 생겨났다, 일어났다, 발생했다.

taṃ: ta. pron. adj. n.sg.nom. 이, 이것이.

kho: ind. adv. 참으로, 실로. [kho pana; 한편, 그런데].

panidaṃ: [pana-idaṃ]. 한편 이것이. [pana; ind. conj. 한편, 그러나. [pana의 끝음 a 탈락]. idaṃ; pron. n.sg.nom. 이것이].

dukkhasamudayam: dukkhasamudaya. n.sg.nom. 고가 일어나는 원인이라는, 고의 원인을 밝히는, 고의 원인이, 고의 일어남이, 고집苦集이. [dukkha; n. 고苦, 괴로움. samudaya; m. 일어남, 집集, 집기集起, 발생, 기원, 원인].

ariyasaccam: [ariya-sacca]. ariyasacca. n.sg.nom. 성스러운 진리가, 성제聖諦가. [ariya; adj. 성스러운. sacca; n. 진리].

pahīnan: pahīna[pajahati(단멸하다, 제거하다, 없애다)의 pp.]. adj. n.sg. nom. 단멸한, 제거된, 없앤. [pahīnaṃ ti 〉 pahīnan ti].

ti: ind. ~라고. [iti의 축약].

me: aham. 1st.pron. sg.dat. 나에게.

bhikkhave: bhikkhu. m.pl.voc. 비구들이여.

pubbe: ind. 이전에.

ananussutesu: ananussuta. adj. m.pl.loc. 들어보지 못한, 듣지 못한. [an°; 부정의 접두사. ~아님, ~없음. anussuta; anusuṇāti(듣다)의 pp. 들은].

dhammesu: dhamma. m.pl.loc. 담마에 대해서, 법들 가운데, 법들에.

cakkhum: cakkhu. n.sg.nom. 눈[眼]이.

udapādi: [uppajjati(생겨나다, 일어나다, 발생하다)의 aor.]. 3rd.sg.aor. 생겨났다, 일어났다, 발생했다.

ñāṇam: ñāṇa. n.sg.nom. 앎[智]이, 지혜가, 지식이.

udapādi: [uppajjati(생겨나다, 일어나다, 발생하다)의 aor.]. 3rd.sg.aor. 생겨났다, 일어났다, 발생했다.

paññā: f.sg.nom. 지혜[慧]가, 통찰이.

udapādi: [uppajjati(생겨나다, 일어나다, 발생하다)의 aor.]. 3rd.sg.aor. 생겨났다, 일어났다, 발생했다.

vijjā: f.sg.nom. 명지[明]가, 밝음이.

udapādi: [uppajjati(생겨나다, 일어나다, 발생하다)의 aor.]. 3rd.sg.aor. 생겨났다, 일어났다, 발생했다.

āloko: āloka. m.sg.nom. 광명[光]이, 빛이.

udapādi: [uppajjati(생겨나다, 일어나다, 발생하다)의 aor.]. 3rd.sg.aor. 생겨났다, 일어났다, 발생했다.

11

Idaṃ dukkhanirodham ariyasaccan ti me
이당 둑카니로담 아리야삿짠 띠 메
bhikkhave pubbe ananussutesu dhammesu
빅카웨 뿝베 아나누수떼수 담메수
cakkhum udapādi ñāṇam udapādi paññā
짝쿰 우다빠아디 냐아남 우다빠아디 빤냐
udapādi vijjā udapādi āloko udapādi.
우다빠아디 윗자 우다빠아디 아알로꼬 우다빠아디.
Taṃ kho panidaṃ dukkhanirodham ariyasaccaṃ
땅 코 빠니당 둑카니로담 아리야삿짱
sacchikātabban ti me bhikkhave pubbe
삿치까아땁반 띠 메 빅카웨 뿝베
ananussutesu dhammesu cakkhum udapādi
아나누수떼수 담메수 짝쿰 우다빠아디
ñāṇam udapādi paññā udapādi vijjā udapādi
냐아남 우다빠아디 빤냐 우다빠아디 윗자 우다빠아디
āloko udapādi. Taṃ kho panidaṃ dukkhanirodham
아알로꼬 우다빠아디. 땅 코 빠니당 둑카니로담
ariyasaccaṃ sacchikatan ti me bhikkhave
아리야삿짱 삿치까딴 띠 메 빅카웨
pubbe ananussutesu dhammesu cakkhum udapādi
뿝베 아나누수떼수 담메수 짝쿰 우다빠아디
ñāṇam udapādi paññā udapādi vijjā udapādi
냐아남 우다빠아디 빤냐 우다빠아디 윗자 우다빠아디
āloko udapādi.
아알로꼬 우다빠아디.

비구들이여, '이것이 고苦의 멸이라는 성스러운 진리[滅聖諦]이다.'라고 하는 이전에 들어보지 못한 담마에 대해서 나에게 눈[眼]이 생겨났고, 앎[智]이 생겨났고, 지혜[慧]가 생겨났고, 명지[明]가 생겨났고, 광명[光]이 생겨났다. 비구들이여, '이 고의 멸이라는 성스러운 진리는 증득해야 한다.'라고 하는 이전에 들어보지 못한 담마에 대해서 나에게 눈이 생겨났고, 앎이 생겨났고, 지혜가 생겨났고, 명지가 생겨났고, 광명이 생겨났다. 비구들이여, '이 고의 멸이라는 성스러운 진리를 증득했다.'라고 하는 이전에 들어보지 못한 담마에 대해서 나에게 눈이 생겨났고, 앎이 생겨났고, 지혜가 생겨났고, 명지가 생겨났고, 광명이 생겨났다.

idaṃ: pron. n.sg.nom. 이것이.

dukkhanirodham: dukkhanirodha. n.sg.nom. 고苦의 멸이라는, 고의 멸이, 고의 소멸이, 고멸苦滅이. [dukkha; n. 고苦, 괴로움. nirodha; m. 멸, 소멸, 지멸].

ariyasaccan: [ariya-sacca]. ariyasacca. n.sg.nom. 성스러운 진리가, 성제聖諦가. [ariya; adj. 성스러운. sacca; n. 진리]. [saccaṃ ti 〉 saccan ti].

ti: ind. ~라고. [iti의 축약].

me: aham. 1st.pron. sg.dat. 나에게.

bhikkhave: bhikkhu. m.pl.voc. 비구들이여.

pubbe: ind. 이전에.

ananussutesu: ananussuta. adj. m.pl.loc. 들어보지 못한, 듣지 못한. [an°; 부정의 접두사. ~아님, ~없음. anussuta; anusuṇāti(듣다)의 pp. 들은].

dhammesu: dhamma. m.pl.loc. 담마에 대해서, 법들 가운데, 법들에.

cakkhum: cakkhu. n.sg.nom. 눈[眼]이.

udapādi: [uppajjati(생겨나다, 일어나다, 발생하다)의 aor.]. 3rd.sg.aor. 생겨났다, 일어났다, 발생했다.

ñāṇam: ñāṇa. n.sg.nom. 앎[智]이, 지혜가, 지식이.

udapādi: [uppajjati(생겨나다, 일어나다, 발생하다)의 aor.]. 3rd.sg.aor. 생겨났다, 일어났다, 발생했다.

paññā: f.sg.nom. 지혜[慧]가, 통찰이.

udapādi: [uppajjati(생겨나다, 일어나다, 발생하다)의 aor.]. 3rd.sg.aor. 생겨났다, 일어났다, 발생했다.

vijjā: f.sg.nom. 명지[明]가, 밝음이.

udapādi: [uppajjati(생겨나다, 일어나다, 발생하다)의 aor.]. 3rd.sg.aor. 생겨났다, 일어났다, 발생했다.

āloko: āloka. m.sg.nom. 광명[光]이, 빛이.

udapādi: [uppajjati(생겨나다, 일어나다, 발생하다)의 aor.]. 3rd.sg.aor. 생겨났다, 일어났다, 발생했다.

taṃ: ta. pron. adj. n.sg.nom. 이, 이것이.

kho: ind. adv. 참으로, 실로. [kho pana; 한편, 그런데].

panidaṃ: [pana-idaṃ]. 한편 이것이. [pana; ind. conj. 한편, 그러나. [pana의 끝음 a 탈락]. idaṃ; pron. n.sg.nom. 이것이]].

dukkhanirodham: dukkhanirodha. n.sg.nom. 고의 멸이라는, 고의 멸이, 고의 소멸이, 고멸苦滅이. [dukkha; n. 고苦, 괴로움. nirodha; m. 멸, 소멸, 지멸].

ariyasaccaṃ: [ariya-sacca]. ariyasacca. n.sg.nom. 성스러운 진리는, 성제聖諦가. [ariya; adj. 성스러운. sacca; n. 진리].

sacchikātabban: sacchikātabba[sacchikaroti(증득하다, 실현하다, 자신의 눈으로 보다)의 grd.]. adj. n.sg.nom. 증득되어야 할, 실현되어야 할. [sacchikātabbaṃ ti 〉 sacchikātabban ti].

ti: ind. ~라고. [iti의 축약].

me: aham. 1st.pron. sg.dat. 나에게.

bhikkhave: bhikkhu. m.pl.voc. 비구들이여.

pubbe: ind. 이전에.

ananussutesu: ananussuta. adj. m.pl.loc. 들어보지 못한, 듣지 못한. [an°; 부정의 접두사. ~아님, ~없음. anussuta; anusuṇāti(듣다)의 pp. 들은].

dhammesu: dhamma. m.pl.loc. 담마에 대해서, 법들 가운데, 법들에.

cakkhum: cakkhu. n.sg.nom. 눈[眼]이.

udapādi: [uppajjati(생겨나다, 일어나다, 발생하다)의 aor.]. 3rd.sg.aor. 생겨났다, 일어났다, 발생했다.

ñāṇam: ñāṇa. n.sg.nom. 앎[智]이, 지혜가, 지식이.

udapādi: [uppajjati(생겨나다, 일어나다, 발생하다)의 aor.]. 3rd.sg.aor. 생겨났다, 일어났다, 발생했다.

paññā: f.sg.nom. 지혜[慧]가, 통찰이.

udapādi: [uppajjati(생겨나다, 일어나다, 발생하다)의 aor.]. 3rd.sg.aor. 생겨났다, 일어났다, 발생했다.

vijjā: f.sg.nom. 명지[明]가, 밝음이.

udapādi: [uppajjati(생겨나다, 일어나다, 발생하다)의 aor.]. 3rd.sg.aor. 생겨났다, 일어났다, 발생했다.

āloko: āloka. m.sg.nom. 광명[光]이, 빛이.

udapādi: [uppajjati(생겨나다, 일어나다, 발생하다)의 aor.]. 3rd.sg.aor. 생겨났다, 일어났다, 발생했다.

taṃ: ta. pron. adj. n.sg.nom. 이, 이것이.

kho: ind. adv. 참으로, 실로. [kho pana; 한편, 그런데].

panidaṃ: [pana-idaṃ]. 한편 이것이. [pana; ind. conj. 한편, 그러나. [pana의 끝음 a 탈락]. idaṃ; pron. n.sg.nom. 이것이].

dukkhanirodham: dukkhanirodha. n.sg.nom. 고의 멸이라는, 고의 멸이, 고의 소멸이, 고멸苦滅이. [dukkha; n. 고苦, 괴로움. nirodha; m. 멸, 소멸, 지멸].

ariyasaccaṃ: [ariya-sacca]. ariyasacca. n.sg.nom. 성스러운 진리가, 성제聖諦가. [ariya; adj. 성스러운. sacca; n. 진리].

sacchikatan: sacchikata[sacchikaroti(증득하다, 실현하다, 자신의 눈으로 보다)의 pp.]. adj. n.sg.nom. 증득된, 실현된. [sacchikataṃ ti 〉 sacchikatan ti].

ti: ind. ~라고. [iti의 축약].

me: aham. 1st.pron. sg.dat. 나에게.

bhikkhave: bhikkhu. m.pl.voc. 비구들이여.

pubbe: ind. 이전에.

ananussutesu: ananussuta. adj. m.pl.loc. 들어보지 못한, 듣지 못한. [an°; 부정의 접두사. ~아님, ~없음. anussuta; anusuṇāti(듣다)의 pp. 들은].

dhammesu: dhamma. m.pl.loc. 담마에 대해서, 법들 가운데, 법들에.

cakkhum: cakkhu. n.sg.nom. 눈[眼]이.

udapādi: [uppajjati(생겨나다, 일어나다, 발생하다)의 aor.]. 3rd.sg.aor. 생겨났다, 일어났다, 발생했다.

ñāṇam: ñāṇa. n.sg.nom. 앎[智]이, 지혜가, 지식이.

udapādi: [uppajjati(생겨나다, 일어나다, 발생하다)의 aor.]. 3rd.sg.aor. 생겨났다, 일어났다, 발생했다.

paññā: f.sg.nom. 지혜[慧]가, 통찰이.

udapādi: [uppajjati(생겨나다, 일어나다, 발생하다)의 aor.]. 3rd.sg.aor. 생겨났다, 일어났다, 발생했다.

vijjā: f.sg.nom. 명지[明]가, 밝음이.

udapādi: [uppajjati(생겨나다, 일어나다, 발생하다)의 aor.]. 3rd.sg.aor. 생겨났다, 일어났다, 발생했다.

āloko: āloka. m.sg.nom. 광명[光]이, 빛이.

udapādi: [uppajjati(생겨나다, 일어나다, 발생하다)의 aor.]. 3rd.sg.aor. 생겨났다, 일어났다, 발생했다.

12

Idaṃ dukkhanirodhagāminī paṭipadā ariyasaccan
이당 둑카니로다가아미니 빠띠빠다 아리야삿짠
ti me bhikkhave pubbe ananussutesu dhammesu
띠 메 빅카웨 뿝베 아나누수떼수 담메수
cakkhum udapādi ñāṇam udapādi paññā udapādi
짝쿰 우다빠아디 냐아남 우다빠아디 빤냐 우다빠아디
vijjā udapādi āloko udapādi. Taṃ kho panidaṃ
윗자 우다빠아디 아알로꼬 우다빠아디. 땅 코 빠니당
dukkhanirodhagāminī paṭipadā ariyasaccam
둑카니로다가아미니 빠띠빠다 아리야삿짬
bhāvetabban ti me bhikkhave pubbe ananussutesu
바아웨땁반 띠 메 빅카웨 뿝베 아나누수떼수
dhammesu cakkhum udapādi ñāṇam udapādi
담메수 짝쿰 우다빠아디 냐아남 우다빠아디
paññā udapādi vijjā udapādi āloko udapādi.
빤냐 우다빠아디 윗자 우다빠아디 아알로꼬 우다빠아디.
Taṃ kho panidaṃ dukkhanirodhagāminī paṭipadā
땅 코 빠니당 둑카니로다가아미니 빠띠빠다
ariyasaccam bhāvitan ti me bhikkhave pubbe
아리야삿짬 바아위딴 띠 메 빅카웨 뿝베
ananussutesu dhammesu cakkhum udapādi ñāṇam
아나누수떼수 담메수 짝쿰 우다빠아디 냐아남
udapādi paññā udapādi vijjā udapādi āloko udapādi.
우다빠아디 빤냐 우다빠아디 윗자 우다빠아디 아알로꼬 우다빠아디.

비구들이여, '이것이 고苦의 멸에 이르는 걸음이라는 성스러운 진리[道聖諦]이다.'라고 하는 이전에 들어보지 못한 담마에 대해서 나에게 눈[眼]이 생겨났고, 앎[智]이 생겨났고, 지혜[慧]가 생겨났고, 명지[明]가 생겨났고, 광명[光]이 생겨났다. 비구들이여, '이 고의 멸에 이르는 걸음이라는 성스러운 진리는 닦아야 한다.'라고 하는 이전에 들어보지 못한 담마에 대해서 나에게 눈이 생겨났고, 앎이 생겨났고, 지혜가 생겨났고, 명지가 생겨났고, 광명이 생겨났다. 비구들이여, '이 고의 멸에 이르는 걸음이라는 성스러운 진리를 닦았다.'라고 하는 이전에 들어보지 못한 담마에 대해서 나에게 눈이 생겨났고, 앎이 생겨났고, 지혜가 생겨났고, 명지가 생겨났고, 광명이 생겨났다.

idaṃ: pron. n.sg.nom. 이것이.

dukkhanirodhagāminī: dukkhanirodhagāmin. adj. f.sg.nom. 고苦의 멸에 이르는, 고의 멸로 가는, 고의 멸로 이끄는. [dukkha; n. 고苦, 괴로움. nirodha; m. 멸, 소멸, 지멸. °gāmin; adj. ~에 이르는, ~로 가는, 이끄는].

paṭipadā: f.sg.nom. 걸음이라는, 걸음은, 걸음걸이는, 도道는.

ariyasaccan: [ariya-sacca]. ariyasacca. n.sg.nom. 성스러운 진리가, 성제聖諦가. [ariya; adj. 성스러운. sacca; n. 진리]. [saccaṃ ti 〉 saccan ti].

ti: ind. ~라고. [iti의 축약].

me: aham. 1st.pron. sg.dat. 나에게.

bhikkhave: bhikkhu. m.pl.voc. 비구들이여.

pubbe: ind. 이전에.

ananussutesu: ananussuta. adj. m.pl.loc. 들어보지 못한, 듣지 못한. [an°; 부정의 접두사. ~아님, ~없음. anussuta; anusuṇāti(듣다)의 pp. 들은].

dhammesu: dhamma. m.pl.loc. 담마에 대해서, 법들 가운데, 법들에.

cakkhum: cakkhu. n.sg.nom. 눈[眼]이.

udapādi: [uppajjati(생겨나다, 일어나다, 발생하다)의 aor.]. 3rd.sg.aor. 생겨났다, 일어났다, 발생했다.

ñāṇam: ñāṇa. n.sg.nom. 앎[智]이, 지혜가, 지식이.

udapādi: [uppajjati(생겨나다, 일어나다, 발생하다)의 aor.]. 3rd.sg.aor. 생겨났다, 일어났다, 발생했다.

paññā: f.sg.nom. 지혜[慧]가, 통찰이.

udapādi: [uppajjati(생겨나다, 일어나다, 발생하다)의 aor.]. 3rd.sg.aor. 생겨났다, 일어났다, 발생했다.

vijjā: f.sg.nom. 명지[明]가, 밝음이.

udapādi: [uppajjati(생겨나다, 일어나다, 발생하다)의 aor.]. 3rd.sg.aor. 생겨났다, 일어났다, 발생했다.

•

āloko: āloka. m.sg.nom. 광명[光]이, 빛이.

udapādi: [uppajjati(생겨나다, 일어나다, 발생하다)의 aor.]. 3rd.sg.aor. 생겨났다, 일어났다, 발생했다.

taṃ: ta. pron. adj. n.sg.nom. 이, 이것이.

kho: ind. adv. 참으로, 실로. [kho pana; 한편, 그런데].

panidaṃ: [pana-idaṃ]. 한편 이것이. [pana; ind. conj. 한편, 그러나. [pana의 끝음 a 탈락]. idaṃ; pron. n.sg.nom. 이것이].

dukkhanirodhagāminī: dukkhanirodhagāmin. adj. f.sg.nom. 고의 멸에 이르는, 고의 멸로 가는, 고의 멸로 이끄는. [dukkha; n. 고苦, 괴로움. nirodha; m. 멸, 소멸, 지멸. °gāmin; adj. ~에 이르는, ~로 가는, 이끄는].

paṭipadā: f.sg.nom. 걸음이라는, 걸음은, 걸음걸이는, 도道는.

ariyasaccam: [ariya-sacca]. ariyasacca. n.sg.nom. 성스러운 진리는, 성제聖諦가. [ariya; adj. 성스러운. sacca; n. 진리].

bhāvetabban: bhāvetabba[bhāveti(닦다, 수행하다)의 grd.]. adj. n.sg. nom. 닦아야 할, 수행되어야 할. [bhāvetabbaṃ ti 〉 bhāvetabban ti].

ti: ind. ~라고. [iti의 축약].

me: aham. 1st.pron. sg.dat. 나에게.

bhikkhave: bhikkhu. m.pl.voc. 비구들이여.

pubbe: ind. 이전에.

ananussutesu: ananussuta. adj. m.pl.loc. 들어보지 못한, 듣지 못한. [an°; 부정의 접두사. ~아님, ~없음. anussuta; anusuṇāti(듣다)의 pp. 들은].

dhammesu: dhamma. m.pl.loc. 담마에 대해서, 법들 가운데, 법들에.

cakkhum: cakkhu. n.sg.nom. 눈[眼]이.

udapādi: [uppajjati(생겨나다, 일어나다, 발생하다)의 aor.]. 3rd.sg.aor. 생겨났다, 일어났다, 발생했다.

ñāṇam: ñāṇa. n.sg.nom. 앎[智]이, 지혜가, 지식이.

udapādi: [uppajjati(생겨나다, 일어나다, 발생하다)의 aor.]. 3rd.sg.aor. 생겨났다, 일어났다, 발생했다.

paññā: f.sg.nom. 지혜[慧]가, 통찰이.

udapādi: [uppajjati(생겨나다, 일어나다, 발생하다)의 aor.]. 3rd.sg.aor. 생겨났다, 일어났다, 발생했다.

vijjā: f.sg.nom. 명지[明]가, 밝음이.

udapādi: [uppajjati(생겨나다, 일어나다, 발생하다)의 aor.]. 3rd.sg.aor. 생겨났다, 일어났다, 발생했다.

āloko: āloka. m.sg.nom. 광명[光]이, 빛이.

udapādi: [uppajjati(생겨나다, 일어나다, 발생하다)의 aor.]. 3rd.sg.aor. 생겨났다, 일어났다, 발생했다.

taṃ: ta. pron. adj. n.sg.nom. 이, 이것이.

kho: ind. adv. 참으로, 실로. [kho pana; 한편, 그런데].

panidaṃ: [pana-idaṃ]. 한편 이것이. [pana; ind. conj. 한편, 그러나. [pana의 끝음 a 탈락]. idaṃ; pron. n.sg.nom. 이것이]].

dukkhanirodhagāminī: dukkhanirodhagāmin. adj. f.sg.nom. 고의 멸에 이르는, 고의 멸로 가는, 고의 멸로 이끄는. [dukkha; n. 고苦, 괴로움. nirodha; m. 멸, 소멸, 지멸. °gāmin; adj. ~에 이르는, ~로 가는, 이끄는].

paṭipadā: f.sg.nom. 걸음이라는, 걸음은, 걸음걸이는, 도道는.

ariyasaccam: [ariya-sacca]. ariyasacca. n.sg.nom. 성스러운 진리가, 성제聖諦가. [ariya; adj. 성스러운. sacca; n. 진리].

bhāvitan: bhāvita[bhāveti(닦다, 수행하다)의 pp.]. adj. n.sg.nom. 닦은, 수행된. [bhāvitaṃ ti 〉 bhāvitan ti].

ti: ind. ~라고. [iti의 축약].

me: aham. 1st.pron. sg.dat. 나에게.

bhikkhave: bhikkhu. m.pl.voc. 비구들이여.

pubbe: ind. 이전에.

ananussutesu: ananussuta. adj. m.pl.loc. 들어보지 못한, 듣지 못한. [an◦; 부정의 접두사. ~아님, ~없음. anussuta; anusuṇāti(듣다)의 pp. 들은].

dhammesu: dhamma. m.pl.loc. 담마에 대해서, 법들 가운데, 법들에.

cakkhum: cakkhu. n.sg.nom. 눈[眼]이.

udapādi: [uppajjati(생겨나다, 일어나다, 발생하다)의 aor.]. 3rd.sg.aor. 생겨났다, 일어났다, 발생했다.

ñāṇam: ñāṇa. n.sg.nom. 앎[智]이, 지혜가, 지식이.

udapādi: [uppajjati(생겨나다, 일어나다, 발생하다)의 aor.]. 3rd.sg.aor. 생겨났다, 일어났다, 발생했다.

paññā: f.sg.nom. 지혜[慧]가, 통찰이.

udapādi: [uppajjati(생겨나다, 일어나다, 발생하다)의 aor.]. 3rd.sg.aor. 생겨났다, 일어났다, 발생했다.

vijjā: f.sg.nom. 명지[明]가, 밝음이.

udapādi: [uppajjati(생겨나다, 일어나다, 발생하다)의 aor.]. 3rd.sg.aor. 생겨났다, 일어났다, 발생했다.

āloko: āloka. m.sg.nom. 광명[光]이, 빛이.

udapādi: [uppajjati(생겨나다, 일어나다, 발생하다)의 aor.]. 3rd.sg.aor. 생겨났다, 일어났다, 발생했다.

13

Yāva kīvañca me bhikkhave imesu catusu
야아와 끼이완짜 메 빅카웨 이메수 짜뚜수

ariyasaccesu evaṃ tiparivaṭṭaṃ dvādasākāraṃ
아리야삿쩨수 에왕 띠빠리왓땅 드와아다사아까아랑

yathābhūtaṃ ñāṇadassanaṃ na suvisuddham ahosi,
야타아부우땅 냐아나닷싸낭 나 수위숫담 아호시,

neva tāvāham bhikkhave sadevake loke samārake
네와 따아와아함 빅카웨 사데와께 로께 사마아라께

sabrahmake sassamaṇabrāhmaṇiyā pajāya
사브라흐마께 삿싸마나브라아흐마니야 빠자아야

sadevamanussāya anuttaraṃ sammāsambodhim
사데와마눗싸아야 아눗따랑 삼마아삼보딤

abhisambuddho ti paccaññāsiṃ.
아비삼붓도 띠 빳짠냐아싱.

비구들이여, 사성제에 관해서 이와 같이 세 단계로 진행된 열두 양상에 대해 있는 그대로 보는 여실지견如實知見이 지극히 청정해지지 않았다면 나는 결코 천신과 마아라와 범천이 있는 세상에서, 사문과 바라문, 왕과 인간을 포함하는 중생들 가운데서 위없는 완전한 깨달음을 이루었다고 천명하지 않았을 것이다.

---

yāva: adv. prep. ~하는 한, ~까지, ~하는 사이에, 얼마나, 어느 정도.

kīvañca: [kīvañ-ca]. 그리고 어느 정도, 그리고 얼마만큼. [kīvant/kīva; ind. adv. 어느 정도, 얼마만큼. [kīva에 ñ 첨가]. ca; conj. 그리고].

me: aham. 1st.pron. sg.dat. 나에게.

bhikkhave: bhikkhu. m.pl.voc. 비구들이여.

imesu: idam. pron. n.pl.loc. 이들에 관해서, 이것들에 관해서.

catusu: catu. num. n.pl.loc. 네 가지에 관해서.

ariyasaccesu: ariyasacca. n.pl.loc. 성스러운 진리들에 관해서, 성제聖諦에 관해서.

evaṃ: ind. adv. 이와 같이.

tiparivaṭṭaṃ: tiparivaṭṭa. adj. m.sg.acc. 세 단계로 진행된, 세 번 굴린. [ti; num. 3, 셋. parivaṭṭa; parivaṭṭati(굴리다)의 pp. 굴린].

dvādasākāraṃ: dvādasākāra. m.sg.acc. 열두 양상에 대해, 열두 가지 모습에 대해, 12행상行相에 대해. [dvādasa; num. 12, 열 둘. ākāra; m. 양상, 모습, 행상].

yathābhūtaṃ: adv. 있는 그대로, 사실대로.

ñāṇadassanaṃ: ñāṇadassana. n.sg.nom. 지견知見이, 지혜와 견해가. [ñāṇa; n. 지혜, 앎. dassana; n. 보는 것, 견見].

na: ind. 없다, 아니다.

suvisuddhaṃ: suvisuddha. adj. n.sg.nom. 지극히 청정한, 아주 깨끗한. [su°; pref. 지극히, 아주. visuddha; visujjhati(청정해지다, 맑아지다)의 pp. 청정한].

ahosi: [bhavati(되다, 이다, 존재하다)의 aor.]. 3rd.sg.aor. 되었다, 있었다.

neva: [na-eva]. 단지 아니다. [na; ind. 없다, 아니다. [na의 a 탈락]. eva; ind. adv. 단지].

tāvāhaṃ: [tāva-ahaṃ]. 그런 한에서 나는. [tāva; adv. 그런 한에서, 그런 동안. [a+a 〉 ā]. ahaṃ; 1st.pron. sg.nom. 나는].

bhikkhave: bhikkhu. m.pl.voc. 비구들이여.

sadevake: sadevaka. adj. m.sg.loc. 천신이 있는. [sa=saha; pref. ~이 있는, ~을 포함하는, ~를 가진. deva; m. 천신, 신. -ka; 형용사형 어미].

loke: loka. m.sg.loc. 세상에서, 세상에, 세계에.

samārake: samāraka. adj. m.sg.loc. 마아라가 있는. [sa=saha; pref. ~이 있는, ~을 포함하는, ~를 가진. māra; m. 마아라. -ka; 형용사형 어미].

sabrahmake: sabrahmaka. adj. m.sg.loc. 범천이 있는. [sa=saha; pref. ~이 있는, ~을 포함하는, ~를 가진. brahma; brahman. m. 범천. -ka; 형용사형 어미].

sassamaṇabrāhmaṇiyā: sassamaṇabrāhmaṇī. adj. f.sg.loc. 사문과 바라문이 있는. [sa=saha; pref. ~이 있는, ~을 포함하는, ~를 가진. [s 첨가]. samaṇa; m. 사문, 수행자. brāhmaṇī; adj. f. 바라문이 있는, 바라문의].

pajāya: pajā. f.sg.loc. 중생들 가운데서, 중생에, 창조물에, 존재에.

sadevamanussāya: sadevamanussa. adj. f.sg.loc. 왕과 인간을 포함하는, 왕과 인간이 있는. [sa=saha; pref. ~이 있는, ~을 포함하는, ~를 가진. deva; m. 왕, 천신, 신. manussa; m. 인간].

anuttaraṃ: anuttara. adj. f.sg.acc. 위없는. [an°; 부정의 접두사. ~아님, ~없음. uttara; adj. 더 높은, 더 위의].

sammāsambodhim: sammāsambodhi. f.sg.acc. 완전한 깨달음을, 정등각正等覺을. [sammā; adj. 완전한, 바른. sambodhi; f. 깨달음, 각覺].

abhisambuddho: abhisambuddha[abhisambujjhati(완전하게 깨닫다)의 pp.]. adj. m.sg.nom. 완전하게 깨달은, 깨달은.

ti: ind. ~라고. [iti의 축약].

paccaññāsiṃ: [paṭijānāti(천명하다, 선언하다)의 aor.]. 1st.sg.aor. 천명했다, 선언했다.

14

Yato ca kho me bhikkhave imesu catusu
야또 짜 코 메 빅카웨 이메수 짜뚜수

ariyasaccesu evaṃ tiparivaṭṭaṃ dvādasākāraṃ
아리야삿쩨수 에왕 띠빠리왓땅 드와아다사아까아랑

yathābhūtaṃ ñāṇadassanaṃ suvisuddham ahosi,
야타아부우땅 냐아나닷싸낭 수위숫담 아호시,

athāham bhikkhave sadevake loke samārake
아타아함 빅카웨 사데와께 로께 사마아라께

sabrahmake sassamaṇabrāhmaṇiyā pajāya
사브라흐마께 삿싸마나브라아흐마니야 빠자아야

sadevamanussāya anuttaraṃ sammāsambodhim
사데와마눗싸아야 아눗따랑 삼마아삼보딤

abhisambuddho ti paccaññāsiṃ, ñāṇañca pana me
아비삼붓도 띠 빳짠냐아싱, 냐아난짜 빠나 메

dassanam udapādi. Akuppā me cetovimutti ayam
닷싸남 우다빠아디. 아꿉빠 메 쩨또위뭇띠 아얌

antimā jāti natthidāni punabbhavo ti.
안띠마 자아띠 낫티다아니 뿌납바오 띠.

비구들이여, 이제 나에게 사성제에 관해서 이와 같이 세 단계로 진행된 열두 양상에 대해 있는 그대로 보는 여실지견如實知見이 지극히 청정해졌다. 그래서 비구들이여, 나는 천신과 마아라와 범천이 있는 세상에서, 사문과 바라문, 왕과 인간을 포함하는 중생들 가운데서 위없는 완전한 깨달음을 이루었다고 천명하였다. 나에게 이런 지혜와 견해[知見]가 생겨났다. '나의 심해탈心解脫이 확고부동하다. 이것이 마지막 태어남이다. 이제 더이상 다시 태어남은 없다.'

---

yato: adv. 때문에, 어디서부터, 언제부터.

ca: conj. 그리고.

kho: ind. adv. 참으로, 실로.

me: aham. 1st.pron. sg.dat. 나에게.

bhikkhave: bhikkhu. m.pl.voc. 비구들이여.

imesu: idam. pron. n.pl.loc. 이들에 관해서, 이것들에 관해서.

catusu: catu. num. n.pl.loc. 네 가지에 관해서.

ariyasaccesu: ariyasacca. n.pl.loc. 성스러운 진리들에 관해서, 성제聖諦에 관해서.

evaṃ: ind. adv. 이와 같이.

tiparivaṭṭaṃ: tiparivaṭṭa. adj. m.sg.acc. 세 단계로 진행된, 세 번 굴린. [ti; num. 3, 셋. parivaṭṭa; parivaṭṭati(굴리다)의 pp. 굴린].

dvādasākāraṃ: dvādasākāra. m.sg.acc. 열두 양상에 대해, 열두 가지 모습에 대해, 12행상行相에 대해. [dvādasa; num. 12, 열 둘. ākāra; m. 양상, 모습, 행상].

yathābhūtaṃ: adv. 있는 그대로, 사실대로.

ñāṇadassanaṃ: ñāṇadassana. n.sg.nom. 지견知見이, 지혜와 견해가. [ñāṇa; n. 지혜, 앎. dassana; n. 보는 것, 견見].

suvisuddham: suvisuddha. adj. n.sg.nom. 지극히 청정한, 아주 깨끗한. [su°; pref. 지극히, 아주. visuddha; visujjhati(청정해지다, 맑아지다)의 pp. 청정한].

ahosi: [bhavati(되다, 이다, 존재하다)의 aor.]. 3rd.sg.aor. 되었다, 있었다.

athāham: [atha-aham]. 그래서 나는. [atha; ind. 그래서, 그리고, 이제. [a+a 〉 ā]. aham; 1st.pron. sg.nom. 나는].

bhikkhave: bhikkhu. m.pl.voc. 비구들이여.

sadevake: sadevaka. adj. m.sg.loc. 천신이 있는. [sa=saha; pref. ~이 있는, ~을 포함하는, ~를 가진. deva; m. 천신, 신. -ka; 형용사형 어미].

loke: loka. m.sg.loc. 세상에서, 세상에, 세계에.

samārake: samāraka. adj. m.sg.loc. 마아라가 있는. [sa=saha; pref. ~이 있는, ~을 포함하는, ~를 가진. māra; m. 마아라. -ka; 형용사형 어미].

sabrahmake: sabrahmaka. adj. m.sg.loc. 범천이 있는. [sa=saha; pref. ~이 있는, ~을 포함하는, ~를 가진. brahma; brahman. m. 범천. -ka; 형용사형 어미].

sassamaṇabrāhmaṇiyā: sassamaṇabrāhmaṇī. adj. f.sg.loc. 사문과 바라문이 있는. [sa=saha; pref. ~이 있는, ~을 포함하는, ~를 가진. [s 첨가]. samaṇa; m. 사문, 수행자. brāhmaṇī; adj. f. 바라문이 있는, 바라문의].

pajāya: pajā. f.sg.loc. 중생들 가운데서, 중생에, 창조물에, 존재에.

sadevamanussāya: sadevamanussa. adj. f.sg.loc. 왕과 인간을 포함하는, 왕과 인간이 있는. [sa=saha; pref. ~이 있는, ~을 포함하는, ~를 가진. deva; m. 왕, 천신, 신. manussa; m. 인간].

anuttaraṃ: anuttara. adj. f.sg.acc. 위없는. [an°; 부정의 접두사. ~아님, ~없음. uttara; adj. 더 높은, 더 위의].

sammāsambodhim: sammāsambodhi. f.sg.acc. 완전한 깨달음을, 정등각正等覺을. [sammā; adj. 완전한, 바른. sambodhi; f. 깨달음, 각覺].

abhisambuddho: abhisambuddha[abhisambujjhati(완전하게 깨닫다)의 pp.]. adj. m.sg.nom. 완전하게 깨달은, 깨달은.

ti: ind. ~라고. [iti의 축약].

paccaññāsiṃ: [paṭijānāti(천명하다, 선언하다)의 aor.]. 1st.sg.aor. 천명했다, 선언했다.

ñāṇañca: [ñāṇaṃ-ca]. 그리고 지혜가, 그리고 앎이. [ñāṇaṃ; ñāṇa. n.sg.nom. 지혜가, 앎이. ca; conj. 그리고]. [ñāṇaṃca 〉 ñāṇañca].

pana: ind. conj. 한편, 그러나.

me: aham. 1st.pron. sg.dat. 나에게.

dassanam: dassana. n.sg.nom. 견해가, 봄이, 인식이. [dassati(보다)의 명사형].

udapādi: [uppajjati(생겨나다, 일어나다, 발생하다)의 aor.]. 3rd.sg.aor. 생겨났다, 일어났다, 발생했다.

akuppā: adj. f.sg.nom. 확고부동한, 부동의, 흔들림 없는.

me: aham. 1st.pron. sg.dat. 나에게.

cetovimutti: [ceto-vimutti]. f.sg.nom. 심해탈心解脫이, 마음에 의한 해탈이. [ceto; n. 심心, 마음, 정신. vimutti; f. 해탈, 해방].

ayam: pron. m.sg.nom. 이것이, 그것은.

antimā: adj. f.sg.nom. 마지막.

jāti: f.sg.nom. 태어남이, 생生이.

natthidāni: [na-atthi-idāni]. 이제 더 이상 ~이 없다. [na; ind. 없다, 아니다. atthi; 3rd.sg.pres. 이다, 있다. [atthi의 i 탈락]. idāni/dāni; ind. 이제, 지금, 요즈음].

punabbhavo: [puna-b-bhavo]. m.sg.nom. 다시 태어남은. [puna; ind. conj. 다시, 또, 다음. [복합어에서 b 첨가]. bhava; m. 태어남, 존재, 유有, 생성].

ti: ind. ~라고. [iti의 축약].

Dhammacakkappavattanasutta

15

Idam avoca Bhagavā attamanā pañcavaggiyā
이담 아오짜 바가와 앗따마나 빤짜왁기야

bhikkhū Bhagavato bhāsitam abhinandum,
빅쿠 바가와또 바아시땀 아비난둠,

imasmiṃ ca pana veyyākaraṇasmim
이마스밍 짜 빠나 웨이야아까라나스밈

bhaññamāne āyasmato Koṇḍaññassa virajaṃ
반냐마아네 아아야스마또 꼰단냣싸 위라장

vītamalaṃ dhammacakkhum udapādi.
위이따말랑 담마짝쿰 우다빠아디.

Yaṃ kiñci samudayadhammaṃ sabban taṃ
양 낀찌 사무다야담망 삽반 땅

nirodhadhamman ti.
니로다담만 띠.

세존께서 이와 같이 말씀하셨다. 다섯 비구들은 가슴이 벅차올라 세존의 말씀에 환희했다. 그리고 이 말씀을 하시는 동안에 꼰단냐 존자에게 티끌 없고 때 묻지 않은 담마의 눈[法眼]이 생겨났다. '생겨나는 것은 무엇이건 모두 사라진다.'

---

idam: pron. n.sg.acc. 이것을.

avoca: [vatti(말하다)의 aor.]. 3rd.sg.aor. 말했다.

Bhagavā: bhagavant. m.sg.nom. 세존께서.

attamanā: attamana. adj. m.pl.nom. 가슴이 벅차오르는, 즐거운, 기쁜, 만족한, 마음에 맞는.

pañcavaggiyā: pañcavaggiya. adj. m.pl.nom. 한 무리를 이루는 다섯은, 한 무리의 다섯은. [pañca; num. 5, 다섯. vaggiya; adj. 한 무리의, 무리를 이루는].

bhikkhū: bhikkhu. m.pl.nom. 비구들은. [pañcavaggiyā bhikkhū; 다섯 비구들은].

Bhagavato: bhagavant. m.sg.gen. 세존의.

bhāsitam: bhāsita[bhāsati(말하다, 설하다)의 pp.]. n.sg.acc. 말씀에, 말씀을, 말한 것을, 말한 바를.

abhinandum: [abhinandati(환희하다, 기뻐하다)의 aor.]. 3rd.pl.aor. 환희했다, 기뻐했다.

imasmiṃ: idam. pron. n.sg.loc. ~하는 동안, 이것에.

ca: conj. 그리고.

pana: ind. conj. 한편, 그런데.

veyyākaraṇasmim: veyyākaraṇa. n.sg.loc. 설명하는 동안, 대답하는 동안, 수기하는 동안.

bhaññamāne: bhaññamāna[bhaññati(설해지다)의 ppr.]. n.sg.loc. 말해지는 동안, 말해질 때.

āyasmato: āyasmant. m.sg.dat. 존자에게.

Koṇḍaññassa: Koṇḍañña. m.sg.dat. 꼰단냐에게.

virajaṃ: viraja. adj. n.sg.nom. 티끌 없는, 번뇌가 없는, 먼지가 없는, 흠이 없는, 때가 없는. [vi°; pref. ~없는, 벗어난. raja; m./n. 티끌, 번뇌, 먼지, 흠, 때].

vītamalaṃ: vītamala. adj. n.sg.nom. 때 묻지 않은, 때가 없는, 더러움이 없는. [vīta; adj. ~없는. mala; n. 때, 더러움, 먼지].

dhammacakkhum: dhammacakkhu. n.sg.nom. 담마의 눈[法眼]이, 법의 눈이.[dhamma; m. 담마, 법. cakkhu; n. 눈[眼]].

udapādi: [uppajjati(생겨나다, 일어나다, 발생하다)의 aor.]. 3rd.sg.aor. 생겨났다, 일어났다, 발생했다.

yaṃ: ya. pron. rel. n.sg.nom. 어떤, 어떤 것이.

kiñci: [kiṃ-ci]. 무엇이건, 무엇이라도. [kiṃ; ka. pron. interr. n.sg. nom. 무엇이. ci; ind. 어떤 ~이라도]. [kiṃci 〉 kiñci].

samudayadhammaṃ: [samudaya-dhamma]. samudayadhamma. n.sg. nom. 생겨나는 것은, 일어남의 법은, 생법生法은. [samudaya; m. 생겨남, 일어남, 집集. dhamma; m. 담마, 법, 속성, 성질].

sabban: sabba. adj. pron. n.sg.nom. 모두, 모든, 모든 것이. [sabbaṃ taṃ 〉 sabban taṃ].

taṃ: ta. pron. n.sg.nom. 그것은, 그것이.

nirodhadhamman: [nirodha-dhamma]. nirodhadhamma. n.sg.nom. 사라지는 것이, 멸함의 법이, 멸법滅法이. [nirodha; m. 사라짐, 멸, 소멸, 지멸. dhamma; m. 담마, 법, 속성, 성질]. [nirodhadhammaṃ ti 〉 nirodhadhamman ti].

ti: ind. ~라고. [iti의 축약].

16

Evam pavattite ca pana Bhagavatā dhammacakke
에왐 빠왓띠떼 짜 빠나 바가와따 담마짝께

Bhummā devā saddam anussāvesum. Etam
브훔마 데와 삿담 아눗싸아웨숨. 에땀

Bhagavatā Bārāṇasiyam Isipatane Migadāye
바가와따 바아라아나시얌 이시빠따네 미가다아예

anuttaraṃ dhammacakkam pavattitam
아눗따랑 담마짝깜 빠왓띠땀

appativattiyaṃ samaṇena vā brāhmaṇena vā
압빠띠왓띠양 사마네나 와 브라아흐마네나 와

devena vā Mārena vā Brahmunā vā kenaci vā
데웨나 와 마아레나 와 브라흐무나 와 께나찌 와

lokasmin ti.
로까스민 띠.

이와 같이 세존께서 담마의 바퀴[法輪]를 굴리셨을 때, 대지의 신[地天神]들이 소리 높이 외쳤다. '바아라아나시의 이시빠따나에 있는 녹야원에서 세존께서 굴리신 이 위없는 담마의 바퀴는 사문, 바라문, 천신, 마아라, 범천이나 이 세상 그 누구도 멈추게 할 수 없다.'라고.

---

evam: ind. adv. 이와 같이.

pavattite: pavattita[pavatteti(굴리다, 진행시키다)의 pp.]. adj. n.sg.loc. 굴려졌을 때.

ca: conj. 그리고.

pana: ind. conj. 한편, 그러나.

Bhagavatā: bhagavant. m.sg.ins. 세존에 의해서.

dhammacakke: dhammacakka. n.sg.loc. [dhammacakka; 담마의 바퀴[法輪]가, 담마의 수레바퀴가]. [dhamma; m. 담마, 법. cakka; n. 바퀴, 수레바퀴, 륜輪]. [pavattite dhammacakke; 담마의 바퀴[法輪]가 굴려졌을 때, 법륜法輪이 굴려졌을 때]. [dhammacakke가 처소격이지만 주격처럼 번역함].

Bhummā devā: m.pl.nom. 대지의 신[地天神]들이.

saddam: sadda. m.sg.acc. 소리를, 고함을.

anussāvesuṃ: [anussaveti(외치다, 들을 수 있게 하다, 선언하다)의 aor.]. 3rd.pl.aor. 외쳤다, 들을 수 있게 하였다, 선언하였다.

etaṃ: eta. pron. adj. n.sg.nom. 이, 이것이.

Bhagavatā: bhagavant. m.sg.ins. 세존에 의해서.

Bārāṇasiyaṃ: Bārāṇasī. f.sg.loc. 바아라아나시에, 바아라아나시에 있는.

Isipatane: Isipatana. n.sg.loc. 이시빠따나에 있는, 이시빠따나에.

Migadāye: Migadāya. m.sg.loc. 녹야원에서, 미가다아야에.

anuttaraṃ: anuttara. adj. n.sg.nom. 위없는. [an°; 부정의 접두사. ~아님, ~없음. uttara; adj. 더 높은, 더 위의].

dhammacakkaṃ: dhammacakka. n.sg.nom. 담마의 바퀴[法輪]는, 담마의 수레바퀴는. [dhamma; m. 담마, 법. cakka; n. 바퀴, 수레바퀴, 륜輪].

pavattitaṃ: pavattita[pavatteti(굴리다, 진행시키다)의 pp.]. adj. n.sg.nom. 굴려진.

appativattiyaṃ: appativattiya. adj. n.sg.nom. 멈출 수 없는, 반전될 수 없는, 전복할 수 없는. [a°; 부정의 접두사. ~아님, ~없음. [복합어에서 p 첨가]. pativattiya; paṭivattati(멈추다, 반전하다, 뒤로 움직이다)의 grd. 멈출 수 있는, 반전될 수 있는, 전복할 수 있는].

samaṇena: samaṇa. m.sg.ins. 사문에 의해서.

vā: ind. conj. 또는.

brāhmaṇena: brāhmaṇa. m.sg.ins. 바라문에 의해서.

vā: ind. conj. 또는.

devena: deva. m.sg.ins. 천신에 의해서.

vā: ind. conj. 또는.

Mārena: Māra. m.sg.ins. 마아라에 의해서.

vā: ind. conj. 또는.

Brahmunā: Brahman. m.sg.ins. 범천에 의해서.

vā: ind. conj. 또는.

kenaci: [kena-ci]. 누구에 의해서도, 누구든지에 의해서. [kena; ka. pron. interr. m.sg.ins. 누구에 의해서. ci; ind. 어떤 ~이라도].

vā: ind. conj. 또는.

lokasmin: loka. m.sg.loc. 세상에, 세상에 있는. [lokasmiṃ ti 〉 lokasmin ti].

ti: ind. ~라고. [iti의 축약].

17

Bhummānaṃ devānaṃ saddaṃ sutvā
브훔마아낭 데와아낭 삿당 수뜨와

Cātummahārājikā devā saddam anussāvesum.
짜아뚬마하아라아지까 데와 삿담 아눗싸아웨숨.

Etam Bhagavatā Bārānasiyam Isipatane
에땀 바가와따 바아라아나시얌 이시빠따네

Migadāye anuttaraṃ dhammacakkam pavattitam
미가다아예 아눗따랑 담마짝깜 빠왓띠땀

appativattiyaṃ samaṇena vā brāhmaṇena vā devena
압빠띠왓띠양 사마네나 와 브라아흐마네나 와 데웨나

vā Mārena vā Brahmunā vā kenaci vā lokasmin ti.
와 마아레나 와 브라흐무나 와 께나찌 와 로까스민 띠.

대지의 신들이 외치는 소리를 듣고서 사천왕천의 신들이 소리 높이 외쳤다. '바아라아나시의 이시빠따나에 있는 녹야원에서 세존께서 굴리신 이 위없는 담마의 바퀴는 사문, 바라문, 천신, 마아라, 범천이나 이 세상 그 누구도 멈추게 할 수 없다.' 라고.

Bhummānaṃ devānaṃ: Bhummā devā. m.pl.gen. 대지의 신들의, 지천신들의.

saddaṃ: sadda. m.sg.acc. 소리를, 고함을.

sutvā: [suṇoti(듣다)의 abs.]. 듣고서, 들은 후에.

Cātummahārājikā devā: m.pl.nom. 사천왕천의 신들이, 사천왕 천신들이.

saddam: sadda. m.sg.acc. 소리를, 고함을.

anussāvesum: [anussaveti(외치다, 들을 수 있게 하다, 선언하다)의 aor.]. 3rd.pl.aor. 외쳤다, 들을 수 있게 하였다, 선언하였다.

etam: eta. pron. adj. n.sg.nom. 이, 이것이.

Bhagavatā: bhagavant. m.sg.ins. 세존에 의해서.

Bārāṇasiyam: Bārāṇasī. f.sg.loc. 바아라아나시에, 바아라아나시에 있는.

Isipatane: Isipatana. n.sg.loc. 이시빠따나에 있는, 이시빠따나에.

Migadāye: Migadāya. m.sg.loc. 녹야원에서, 미가다아야에.

anuttaraṃ: anuttara. adj. n.sg.nom. 위없는. [an°; 부정의 접두사. ~아님, ~없음. uttara; adj. 더 높은, 더 위의].

dhammacakkam: dhammacakka. n.sg.nom. 담마의 바퀴[法輪]는, 담마의 수레바퀴는. [dhamma; m. 담마, 법. cakka; n. 바퀴, 수레바퀴, 륜輪].

pavattitam: pavattita[pavatteti(굴리다, 진행시키다)의 pp.]. adj. n.sg.nom. 굴려진.

appativattiyaṃ: appativattiya. adj. n.sg.nom. 멈출 수 없는, 반전될 수 없는, 전복할 수 없는. [a°; 부정의 접두사. ~아님, ~없음. [복합어에서 p 첨가]. pativattiya; paṭivattati(멈추다, 반전하다, 뒤로 움직이다)의 grd. 멈출 수 있는, 반전될 수 있는, 전복할 수 있는].

samaṇena: samaṇa. m.sg.ins. 사문에 의해서.

vā: ind. conj. 또는.

brāhmaṇena: brāhmaṇa. m.sg.ins. 바라문에 의해서.

vā: ind. conj. 또는.

devena: deva. m.sg.ins. 천신에 의해서.

vā: ind. conj. 또는.

Mārena: Māra. m.sg.ins. 마아라에 의해서.

vā: ind. conj. 또는.

Brahmunā: Brahman. m.sg.ins. 범천에 의해서.

vā: ind. conj. 또는.

kenaci: [kena-ci]. 누구에 의해서도, 누구든지에 의해서. [kena; ka. pron. interr. m.sg.ins. 누구에 의해서. ci; ind. 어떤 ~이라도].

vā: ind. conj. 또는.

lokasmin: loka. m.sg.loc. 세상에, 세상에 있는. [lokasmiṃ ti 〉 lokasmin ti].

ti: ind. ~라고. [iti의 축약].

18

Cātummahārājikānaṃ devānaṃ saddaṃ sutvā
짜아뚬마하아라아지까아낭 데와아낭 삿당 수뜨와

Tāvatiṃsā devā Yāmā devā Tusitā devā
따아와띵사 데와 야아마 데와 뚜시따 데와

Nimmāṇaratī devā Paranimmittavasavattino
님마아나라띠 데와 빠라님밋따와사왓띠노

devā Brahmakāyikā devā saddam anussāvesum.
데와 브라흐마까아이까 데와 삿담 아눗싸아웨숨.

Etam Bhagavatā Bārāṇasiyam Isipatane
에땀 바가와따 바아라아나시얌 이시빠따네

Migadāye anuttaraṃ dhammacakkam
미가다아예 아눗따랑 담마짝깜

pavattitam appativattiyaṃ samaṇena vā
빠왓띠땀 압빠띠왓띠양 사마네나 와

brāhmaṇena vā devena vā Mārena vā
브라아흐마네나 와 데웨나 와 마아레나 와

Brahmunā vā kenaci vā lokasmin ti.
브라흐무나 와 께나찌 와 로까스민 띠.

사천왕천의 신들이 외치는 소리를 듣고서 삼십삼천의 신들이, 야마천의 신들이, 도솔천의 신들이, 화락천의 신들이, 타화자재천의 신들이, 범천의 신들이 소리 높이 외쳤다. '바아라아나시의 이시빠따나에 있는 녹야원에서 세존께서 굴리신 이 위없는 담마의 바퀴는 사문, 바라문, 천신, 마아라, 범천이나 이 세상 그 누구도 멈추게 할 수 없다.' 라고.

Cātummahārājikānaṃ devānaṃ: Cātummahārājikā devā. m.pl.gen. 사천왕천의 신들의, 사천왕 천신들의.

saddaṃ: sadda. m.sg.acc. 소리를, 고함을.

sutvā: [suṇoti(듣다)의 abs.]. 듣고서, 들은 후에.

Tāvatiṃsā devā: m.pl.nom. 삼십삼천의 신들이.

Yāmā devā: m.pl.nom. 야마천의 신들이.

Tusitā devā: m.pl.nom. 도솔천의 신들이.

Nimmāṇaratī devā: m.pl.nom. 화락천의 신들이.

Paranimmittavasavattino devā: m.pl.nom. 타화자재천의 신들이.

Brahmakāyikā devā: m.pl.nom. 범천의 신들이, 범천에 속하는 천신들이.

saddam: sadda. m.sg.acc. 소리를, 고함을.

anussāvesum: [anussaveti(외치다, 들을 수 있게 하다, 선언하다)의 aor.]. 3rd.pl.aor. 외쳤다, 들을 수 있게 하였다, 선언하였다.

etam: eta. pron. adj. n.sg.nom. 이, 이것이.

Bhagavatā: bhagavant. m.sg.ins. 세존에 의해서.

Bārāṇasiyam: Bārāṇasī. f.sg.loc. 바아라아나시에, 바아라아나시에 있는.

Isipatane: Isipatana. n.sg.loc. 이시빠따나에 있는, 이시빠따나에.

Migadāye: Migadāya. m.sg.loc. 녹야원에서, 미가다아야에.

anuttaraṃ: anuttara. adj. n.sg.nom. 위없는. [an°; 부정의 접두사. ~아님, ~없음. uttara; adj. 더 높은, 더 위의].

dhammacakkam: dhammacakka. n.sg.nom. 담마의 바퀴[法輪]는, 담마의 수레바퀴는. [dhamma; m. 담마, 법. cakka; n. 바퀴, 수레바퀴, 륜輪].

pavattitam: pavattita[pavatteti(굴리다, 진행시키다)의 pp.]. adj. n.sg.nom. 굴려진.

appativattiyaṃ: appativattiya. adj. n.sg.nom. 멈출 수 없는, 반전될 수 없는, 전복할 수 없는. [a°; 부정의 접두사. ~아님, ~없음. [복합어에서 p 첨가]. pativattiya; paṭivattati(멈추다, 반전하다, 뒤로 움직이다)의 grd. 멈출 수 있는, 반전될 수 있는, 전복할 수 있는].

samaṇena: samaṇa. m.sg.ins. 사문에 의해서.

vā: ind. conj. 또는.

brāhmaṇena: brāhmaṇa. m.sg.ins. 바라문에 의해서.

vā: ind. conj. 또는.

devena: deva. m.sg.ins. 천신에 의해서.

vā: ind. conj. 또는.

Mārena: Māra. m.sg.ins. 마아라에 의해서.

vā: ind. conj. 또는.

Brahmunā: Brahman. m.sg.ins. 범천에 의해서.

vā: ind. conj. 또는.

kenaci: [kena-ci]. 누구에 의해서도, 누구든지에 의해서. [kena; ka. pron. interr. m.sg.ins. 누구에 의해서. ci; ind. 어떤 ~이라도].

vā: ind. conj. 또는.

lokasmin: loka. m.sg.loc. 세상에, 세상에 있는. [lokasmiṃ ti 〉 lokasmin ti].

ti: ind. ~라고. [iti의 축약].

19

Iti ha tena khaṇena tena layena tena muhuttena
이띠 하 떼나 카네나 떼나 라예나 떼나 무훗떼나

yāva Brahmalokā saddo abbhuggachi, ayañ ca
야아와 브라흐마로까 삿도 압북가치, 아얀 짜

dasasahassī lokadhātu saṃkampi sampakampi
다사사핫씨 로까다아뚜 상깜삐 삼빠깜삐

sampavedhi, appamāṇo ca uḷāro obhāso loke
삼빠웨디, 압빠마아노 짜 울라아로 오바아쏘 로께

pātur ahosi atikkamma devānaṃ devānubhāvan ti.
빠아뚜르 아호시 아띡깜마 데와아낭 데와아누바아완 띠.

이와 같이 실로 그 찰나에 그 순간에 그 잠깐 사이에 그 소리가 범천의 세계까지 올라갔다. 일만 세계가 흔들렸고 진동했고 요동쳤다. 신들의 신성한 위력을 넘어서는 한량없이 고귀한 빛이 세상에 환히 빛났다.

---

iti: ind. 이와 같이.
ha: iha. ind. 여기. [iha에서 i 탈락].
tena: ta. pron. adj. m.sg.ins. 그, 그것에 의해.
khaṇena: khaṇa. m.sg.ins. 찰나에. [tena khaṇena; 그 찰나에].
tena: ta. pron. adj. m.sg.ins. 그, 그것에 의해.
layena: laya. m.sg.ins. 순간에, 경각에.
tena: ta. pron. adj. m.sg.ins. 그, 그것에 의해.
muhuttena: muhutta. m.sg.ins. 잠깐 사이에, 잠시에.

yāva: adv. prep. ~까지, ~하는 한에서.

Brahmalokā: Brahmaloka. m.sg.abl. 범천의 세계.

saddo: sadda. m.sg.nom. 소리가.

abbhuggachi: [abbhuggacchati(올라가다, 오르다, 떠오르다)의 aor.]. 3rd. sg.aor. 올라갔다, 올랐다, 떠올랐다.

ayañ: ayaṃ. pron. f.sg.nom. 이것이, 그것이. [ayaṃ ca 〉 ayañ ca].

ca: conj. 그리고.

dasasahassī: dasasahassa. num. adj. f.sg.nom. 10,000, 일만.

lokadhātu: [loka-dhātu]. f.sg.nom. 세계가, 세계는, 세상은. [loka; m. 세계, 세상. dhātu; f. 요소, 계界].

saṃkampi: [saṃkampati(흔들리다)의 aor.]. 3rd.sg.aor. 흔들렸다.

sampakampi: [sampakampati(진동하다)의 aor.]. 3rd.sg.aor. 진동했다.

sampavedhi: [sampavedhati(요동치다, 심하게 흔들리다)의 aor.]. 3rd. sg.aor. 요동쳤다, 심하게 흔들렸다.

appamāṇo: appamāṇa. adj. m.sg.nom. 한량없는, 무한한. [a°; 부정의 접두사. ~아님, ~없음. pamāṇa; n. 양, 분량].

ca: conj. 그리고.

uḷāro: uḷāra. adj. m.sg.nom. 고귀한, 위대한, 웅장한.

obhāso: obhāsa. m.sg.nom. 빛이, 광명이.

loke: loka. m.sg.loc. 세상에, 세간에.

pātur ahosi: [pāturbhavati(나타나다)의 aor.]. 3rd.sg.aor. 나타났다.

atikkamma: [atikkamati(한계를 넘어서다, 초월하다)의 abs.]. 넘어서고 나서, 초월하고서.

devānaṃ: deva. m.pl.gen. 신들의, 천신들의.

devānubhāvan: [deva-ānubhāva]. devānubhāva. m.sg.acc. 신들의 신성한 위력을, 천신들의 위신력을. [deva; m. 천신, 신神. [a+ā 〉 ā]. ānubhāva; m. 신성한 위력, 위신력, 위엄, 가피]. [devānubhāvaṃ ti 〉 devānubhāvan ti].

ti: ind. ~라고. [iti의 축약].

20

Atha kho Bhagavā udānam udānesi.
아타 코 바가와 우다아남 우다아네시.

Aññāsi vata bho Koṇḍañño aññāsi vata bho
안냐아시 와따 보 꼰단뇨 안냐아시 와따 보

Koṇḍañño ti. Iti hidam āyasmato Koṇḍaññassa
꼰단뇨 띠. 이띠 히담 아아야스마또 꼰단냣싸

Aññāta-Koṇḍañño tveva nāmam ahosī ti.
안냐아따-꼰단뇨 뜨웨와 나아맘 아호시 띠.

그때 세존께서 감흥에 찬 말씀을 하셨다.
'참으로 그대, 꼰단냐가 알았구나! 참으로 그대, 꼰단냐가 알았구나!' 그리하여 꼰단냐 존자에게 안냐 꼰단냐라는 이름이 생기게 되었다.

---

atha: ind. 그리고, 또한.
kho: ind. adv. 참으로, 실로. [atha kho; 그때, 이제, 그리하여, 그런데].
Bhagavā: bhagavant. m.sg.nom. 세존께서.
udānam: udāna. n.sg.acc. 감흥에 찬 말씀을, 감흥어를, 자설경을.
udānesi: [udāneti(말하다, 읊다)의 aor.]. 3rd.sg.aor. 말했다, 읊었다.
aññāsi: [ājānāti(알다, 깨닫다)의 aor.]. 3rd.sg.aor. 알았다.
vata: ind. 참으로, 정말로, 오!
bho: interj. 그대여, 벗이여.
Koṇḍañño: Koṇḍañña. m.sg.nom. 꼰단냐가, 꼰단냐는.

aññāsi: [ājānāti(알다, 깨닫다)의 aor.]. 3rd.sg.aor. 알았다.

vata: ind. 참으로, 정말로, 오!

bho: interj. 그대여, 벗이여.

Koṇḍañño: Koṇḍañña. m.sg.nom. 꼰단냐가, 꼰단냐는.

ti: ind. ~라고. [iti의 축약].

iti: adv. 그리하여, 그 때문에, 그러므로.

hidam: [hi-idam]. 참으로 이것이. [hi; adv. 참으로, 실로. [i 탈락]. idam; pron. n.sg.nom. 이, 이것이]].

āyasmato: āyasmant. m.sg.dat./gen. 존자에게.

Koṇḍaññassa: Koṇḍañña. m.sg.dat./gen. 꼰단냐에게.

Aññāta-Koṇḍañño: Aññāta-Koṇḍañña. n.sg.nom. 안냐 꼰단냐라는, 안냐 꼰단냐가.

tveva: ind. 실로, ~야말로. [① = tu+eva, u+e〉v. tu; conj. 그러나, 그렇지만. eva; ind. adv. 실로, 참으로, ~야말로. ② = iti eva; ind. ~야말로].

nāmam: nāma. n.sg.nom. 이름이, 명칭이, 호칭이. [Aññāta-Koṇḍañño nāmam; 안냐 꼰단냐라는 이름이]].

ahosī: ahosi[bhavati(되다, 이다, 존재하다)의 aor.]. 3rd.sg.aor. 되었다, 있었다.

ti: ind. ~라고. [iti의 축약].

해설·감수 **활성** 스님

〈고요한소리〉 회주.
1938년 출생. 1975년 통도사 경봉 스님 문하에 출가.
통도사 극락암 아란냐, 해인사, 봉암사, 태백산 동암,
축서사 등지에서 수행정진.
현재 지리산 토굴에서 정진 중.

옮긴이 **백도수**

현재 능인대학원대학교 불교학과 교수
한국불교학회 회장
〈고요한소리〉 빠알리 클라스 강의
역경상, 전법상 수상
1992년 동국대 불교학과
1998년 프라이부르크 인도학 석사
2002년 동국대학교 인도철학 박사

〈고요한소리〉는

- 붓다의 불교, 붓다 당신의 불교를 발굴, 궁구, 실천, 선양하는 것을 목적으로 설립되었습니다.
- 〈고요한소리〉 회주 활성스님의 법문을 '소리' 문고로 엮어 발행하고 있습니다.
- 1987년 창립 이래 스리랑카의 불자출판협회BPS에서 간행한 훌륭한 불서 및 논문들을 국내에 번역 소개하고 있습니다.
- 이 작은 책자는 근본불교를 중심으로 불교철학·심리학·수행법 등 실생활과 연관된 다양한 분야의 문제를 다루는 연간물連刊物입니다. 이 책들은 실천불교의 진수로서, 불법을 가깝게 하려는 분이나 좀 더 깊이 수행해보고자 하는 분에게 많은 도움이 될 것입니다.
- 이 책의 출판 비용은 뜻을 같이하는 회원들이 보내주시는 회비로 충당되며, 판매 비용은 전액 빠알리 경전의 역경과 그 준비 사업을 위한 기금으로 적립됩니다. 출판 비용과 기금 조성에 도움 주신 회원님들께 감사드리며 〈고요한소리〉 모임에 새로이 동참하실 회원을 기다리고 있습니다.
- 〈고요한소리〉 책은 고요한소리 유튜브(https://www.youtube.com/c/고요한소리)와 리디북스RIDIBOOKS를 통해 들으실 수 있습니다.
- 카카오톡 채널(https://pf.kakao.com/_XIvCK)을 친구 등록 하시면 고요한편지 등 〈고요한소리〉의 다양한 소식을 받으실 수 있습니다.
- 〈고요한소리〉 홈페이지 안내
  - 한글 : http://www.calmvoice.org/
  - 영문 : http://www.calmvoice.org/eng/

◦ 〈고요한소리〉 회원으로 가입하시려면 이름, 전화번호, 우편물 받을 주소, e-mail 주소를 〈고요한소리〉 서울 사무실에 알려주십시오.
(전화: 02-739-6328, 02-725-3408)

◦ 회원에게는 〈고요한소리〉에서 출간하는 도서를 보내드리고, 법회나 모임·행사 등 활동 소식을 전해드립니다.

◦ 회비, 후원금, 책값 등을 보내실 계좌는 아래와 같습니다.

국민은행	006-01-0689-346
우리은행	004-007718-01-001
농협	032-01-175056
우체국	010579-01-002831
예금주	**(사)고요한소리**

마음을 맑게 하는 〈고요한소리〉 도서

금구의 말씀 시리즈

하나	염신경念身經
둘	초전법륜경初轉法輪經
	초전법륜경初轉法輪經 (확대본)
	초전법륜경初轉法輪經 (독송본)

소리 시리즈

하나	지식과 지혜
둘	소리 빗질, 마음 빗질
셋	불교의 시작과 끝, 사성제 - 四聖諦의 짜임새
넷	지금·여기 챙기기
다섯	연기법으로 짓는 복 농사
여섯	참선과 중도
일곱	참선과 팔정도
여덟	중도, 이 시대의 길
아홉	오계와 팔정도
열	과학과 불법의 융합
열하나	부처님 생애 이야기
열둘	진·선·미와 탐·진·치
열셋	우리 시대의 삼보三寶
열넷	시간관과 현대의 고苦 - 시간관이 다르면 고苦의 질도 다르다
열다섯	담마와 아비담마 - 종교 얘기를 곁들여서
열여섯	인도 여행으로 본 계·정·혜

열일곱	일상생활과 불교공부
열여덟	의意를 가진 존재, 사람 - 불교의 인간관
열아홉	바른 견해란 무엇인가 - 정견正見
스물	활성 스님, 이 시대 불교를 말하다
스물하나	빠알리 경, 우리의 의지처
스물둘	윤회고輪廻苦를 벗는 길 - 어느 49재 법문
스물셋	윤리와 도덕 / 코로나 사태를 어떻게 볼 것인가
스물넷	산냐[想]에서 빤냐般若로 - 범부의 세계에서 지혜의 세계로
스물다섯	상카아라行와 담마法 - 부처님 가르침의 두 축
스물여섯	팔정도八正道 다시 보기
스물일곱	부처님의 언설과 어법

법륜 시리즈

하나	부처님, 그분 - 생애와 가르침
둘	구도의 마음, 자유 - 까알라아마경
셋	다르마빨라 - 불교중흥의 기수
넷	존재의 세 가지 속성 - 삼법인(무상·고·무아)
다섯	한 발은 풍진 속에 둔 채 - 현대인을 위한 불교의 가르침
여섯	옛 이야기 - 빠알리 주석서에서 모음
일곱	마음, 과연 무엇인가 - 불교의 심리학적 측면
여덟	자비관
아홉	다섯 가지 장애와 그 극복 방법
열	보시
열하나	죽음은 두려운 것인가

열둘	염수경 - 상응부 느낌편
열셋	우리는 어떤 과정을 통하여 다시 태어나는가 - 재생에 대한 아비담마적 해석
열넷	사아리뿟따 이야기
열다섯	불교의 초석, 사성제
열여섯	칠각지
열일곱	불교 - 과학시대의 종교
열여덟	팔정도
열아홉	마아라의 편지
스물	생태위기 - 그 해법에 대한 불교적 모색
스물하나	미래를 직시하며
스물둘	연기緣起
스물셋	불교와 기독교 - 긍정적 접근
스물넷	마음챙김의 힘
스물다섯	업-재생-윤회의 가르침

보리수잎 시리즈

하나	영원한 올챙이
둘	마음 길들이기
셋	세상에 무거운 짐, 삼독심
넷	새 시대인가, 말세인가 / 인과와 도덕적 책임
다섯	거룩한 마음가짐 - 사무량심
여섯	불교의 명상
일곱	미래의 종교, 불교
여덟	불교 이해의 정正과 사邪
아홉	관법 수행의 첫 걸음

열	업에서 헤어나는 길
열하나	띳사 스님과의 대화
열둘	어린이들에게 불교를 어떻게 가르칠 것인가 (절판)
열셋	불교와 과학 / 불교의 매력
열넷	물소를 닮는 마음
열다섯	참 고향은 어디인가
열여섯	무아의 명상
열일곱	수행자의 길
열여덟	현대인과 불교명상
열아홉	자유의 맛
스물	삶을 대하는 태도들
스물하나	업과 윤회
스물둘	성지 순례의 길에서
스물셋	두려움과 슬픔을 느낄 때
스물넷	정근精勤
스물다섯	큰 합리주의
스물여섯	오계와 현대사회
스물일곱	경전에 나오는 비유담 몇 토막
스물여덟	불교 이해의 첫 걸음 / 불교와 대중
스물아홉	이 시대의 중도
서른	고苦에 어떻게 대응할 것인가
서른하나	빈 강변에서 홀로 부처를 만나다
서른둘	병상의 당신에게 감로수를 드립니다
서른셋	해탈의 이정표
서른넷	명상의 열매 / 마음챙김과 알아차림
서른다섯	불자의 참모습
서른여섯	사후세계의 갈림길

서른일곱	왜 불교인가
서른여덟	참된 길동무
서른아홉	스스로 만든 감옥
마흔	행선의 효험
마흔하나	동서양의 윤회관
마흔둘	부처님이 세운 법의 도시 - 밀린다왕문경 제5장
마흔셋	슬픔의 뒤안길에서 만나는 기쁨
마흔넷	출가의 길
마흔다섯	불교와 합리주의
마흔여섯	학문의 세계와 윤회
마흔일곱	부처님의 실용적 가르침
마흔여덟	법의 도전 / 재가불자를 위한 이정표
마흔아홉	원숭이 덫 이야기
쉰	불제자의 칠보七寶

붓다의 고귀한 길 따라 시리즈

하나	불법의 대들보, 마음챙김*sati*

단행본

하나	붓다의 말씀
둘	붓다의 일생

금구의 말씀 · 둘

초전법륜경

초판 1쇄 발행 2023년 9월 25일
초판 4쇄 발행 2024년 8월 15일

해설·감수 활성 스님
옮김 백도수
펴낸이 하주락 · 변영섭
펴낸곳 (사)고요한소리

등록번호 제1-879호 1989. 2. 18.
주소 서울시 종로구 인사동길 47-5 (우 03145)
연락처 전화 02-739-6328 팩스 02-723-9804
부산지부 051-513-6650 대구지부 053-755-6035
대전지부 042-488-1689 광주지부 02-725-3408
홈페이지 www.calmvoice.org
이메일 calmvs@hanmail.net
ISBN 979-11-91224-12-2 03220

값 1000원